Julia Gruber

Der eigene Weg

Impulse für mehr Lebenssinn und Zufriedenheit

Julia Gruber

Der eigene Weg

Impulse für
mehr Lebenssinn
und Zufriedenheit

braumüller

Alle Geschichten sind frei erfunden. Der Einfachheit halber wird im
Folgenden nur die männliche Schreibweise genutzt.
Selbstverständlich sind immer beide Geschlechter gemeint.

Bibliografische Information der Deutschen Nationalbibliothek
Die Deutsche Nationalbibliothek verzeichnet diese Publikation in der
Deutschen Nationalbibliografie – detaillierte bibliografische Daten sind im
Internet über http://dnb.d-nb.de abrufbar.

1. Auflage 2018
© 2018 by Braumüller GmbH
Servitengasse 5, A-1090 Wien
www.braumueller.at

Druck: FINIDR, s.r.o., Lípová 1965, 737 01 Český Těšín
ISBN 978-3-99100-245-1

Inhalt

3. Macht und Wille

4. Mitgefühl

5. Die eigene Wahrheit

6. Geisteskraft

7. Freiheit

Einleitende Worte

Das Leben ist alles: stürmisch und zart, öde und aufregend, schmerzhaft und voller Freude. Es ist gewaltiger, als wir uns je vorstellen könnten, und birgt alle Gegensätze in sich. Das Ganze ist wie ein großer Tanz von Anziehung und Abstoßung, an dem wir Menschen eingeladen sind mitzuwirken. Auf natürliche Weise gehen wir dabei jenen Dingen zu, die zu uns passen. Und vom Unangenehmen halten wir uns tendenziell fern, ob dies nun die zu heiße Herdplatte ist, ein Mensch, dessen Chemie nicht mit der unseren harmoniert, oder andere Umstände, mit denen wir uns unwohl fühlen. Dabei entsteht unser eigener, individueller Weg. So weit, so gut.

Doch das ist nicht alles. Gleichzeitig erzählen wir uns eine Geschichte von uns selbst. Wer wir sind und wer wir nicht sind. Was in der Welt dort „draußen" gut ist und was schlecht. Wo wir besser dran sind als andere und wo wir benachteiligt werden. Was wir in der Vergangenheit nicht hätten tun dürfen und was in der Zukunft unbedingt passieren müsste, damit wir glücklich sein können. Wir versuchen zu steuern und zu rudern, zu kontrollieren und zu manipulieren. Und damit fängt unser Leiden an. Denn das Leben macht, was es will. Wir alle gleichen Kindern auf einem Jahrmarktskarussell: Wir sitzen in den kleinen bunten Autos und lenken wild in alle Richtungen. Doch in Wirklichkeit fahren wir gemeinsam im Kreis. Welches Ziel wir dort draußen auch immer für unsere Fahrt auswählen mögen, es wird an uns vorbeihuschen und uns nicht längerfristig befriedigen. Halten wir es lieber mit Ernst

Ferstl, der sagte: „Die Kunst eines erfüllten Lebens ist die Kunst des Lassens: Zulassen – Weglassen – Loslassen." Statt verkrampft an bestimmten Vorstellungen über unseren Lebensweg festzuhalten, können wir es uns genauso gut in unserem Karussellauto gemütlich machen, den Fahrtwind in unseren Haaren spüren, die Aussicht genießen und das sich ständig wandelnde Leben.

Ist Ihnen diese Einstellung zu passiv? Die Erfahrung zeigt, dass aus einer entspannten inneren Haltung die effektvollsten Handlungen entstehen können. Deshalb ist in der japanischen Kampfkunst Aikido der friedfertige, gelassene Geist Grundlage jeder gelungenen Aktion. Aggression, Angst und Ablehnung beeinflussen das natürliche Reaktionsvermögen und schwächen den Kämpfer. Erst wenn wir den Dingen ihre inhärente Natur belassen, ohne sie beeinflussen oder verändern zu wollen, können wir sie wirklich erkennen. Damit erlangen wir den besten Überblick, um sie lenken und nutzen zu können.

Im Zen gibt es den Begriff des „Anfängergeistes". Er beschreibt die Fähigkeit, die Dinge immer wieder frisch und neu zu sehen. Sozusagen mit den Augen eines Kindes. In diesem Buch werden Sie dazu eingeladen, den Protagonisten der Geschichten (und gleichzeitig sich selbst) entsprechend unvoreingenommen und offen zu begegnen. Jeder Moment des eigenen Weges, so schmerzhaft er manchmal erscheinen mag, ist ein einmaliges, unwiederholbares Wunder. Und er ist niemals von Dauer.

Das Buch ist in sieben Kapitel gegliedert, die jeweils ein wichtiges Thema des Menschseins beleuchten:

Urvertrauen, Beziehungen, Macht und Wille, Mitgefühl, die eigene Wahrheit, Geisteskraft und Freiheit.[1]

Jedes Kapitel wiederum besitzt sieben Miniaturgeschichten. Weil sie so kurzgehalten sind, können Sie diese auch gemütlich zwischendurch in einer Pause lesen. Lassen Sie sich dabei Zeit. Im Zen gibt es die alte Tradition der Kōans. Diese verdichteten Lehrgeschichten und Anekdoten haben oft paradoxe Inhalte. Sie werden dem Schüler vom Meister übergeben, damit dieser zur Erkenntnis der „Nichtzweiheit"[2] vordringen kann. Wer ein Kōan nur verstandesmäßig interpretiert, geht oft am Kern der Sache vorbei. Denn sein wahrer Gehalt offenbart sich durch Meditation und Innenschau. Auch von den Geschichten in diesem Buch profitieren Sie am besten, wenn Sie sich immer wieder Zeit zum Innehalten geben und das Gelesene in sich nachwirken lassen.

Nach Lust und Laune können Sie nun das Buch aufschlagen und einen Text lesen, der Sie gerade anspricht. Eine weitere Möglichkeit besteht darin, das Buch als

---

1 Für einen vertieften Einstieg in das Buch können Sie das jeweilige Thema auch mit den sieben Bewusstseinsebenen des indischen Chakrasystems in Bezug setzen:
1. Urvertrauen: Wurzelchakra (sanskr.: *Muladhara* = Wurzel, Stütze)
2. Beziehungen: Sakralchakra (sanskr.: *Svadhisthana* = Süße, Lieblichkeit)
3. Macht und Wille: Solarplexuschakra (sanskr.: *Manipura* = leuchtender Juwel)
4. Mitgefühl: Herzchakra (sanskr.: *Anahata* = nicht angeschlagen, unbeschädigt)
5. Die eigene Wahrheit: Halschakra (sanskr.: *Vissudha* = reinigen)
6. Geisteskraft: Stirnchakra (sanskr.: *Ajna* = wahrnehmen)
7. Freiheit: Kronenchakra (sanskr.: *Sahasrara* = tausendfältig)

2 Nichtzweiheit (Nonduality) weist darauf hin, dass die einzelnen Dinge und das eigene Ich keine vom Rest abgegrenzte Existenz besitzen.

systematischen Begleiter und Übungsfeld im Alltag zu nutzen. Nehmen Sie sich dazu jede Woche ein Kapitel vor und lesen Sie davon täglich eine Geschichte. Sie werden erstaunt feststellen, welche Magie das Buch nun entfalten kann: Das jeweilige Thema, in das Sie eintauchen, wird sich auch in Ihrem Leben wiederfinden, denn die Energie folgt der Aufmerksamkeit.

Wenn Sie sich also beispielsweise das Kapitel 1 (Urvertrauen) vorgenommen haben, könnte es sein, dass Sie sich plötzlich in Situationen wiederfinden, in denen Ihr Urvertrauen gefordert wird. Beim Schreiben des Buches ist es mir selbst so ergangen. Ich war gerade beim 1. Kapitel, als ich in einer Schule versehentlich einen Feueralarm auslöste. Es war bloß viel Lärm um nichts: kein Brand, kein Sachschaden … Doch das Gebäude wurde vorschriftsmäßig evakuiert. Ich wartete mit etwa zweihundert Menschen in Hausschuhen in der Sicherheitszone im Park, während ein riesiges Feuerwehrauto mit sechs Männern in Schutzanzügen heranbrauste. Inklusive Blaulicht und Sirene, wie wir es von Actionfilmen kennen. Und ich stand da, konnte nichts tun und wäre am liebsten vor Scham im Erdboden versunken. Einatmen, ausatmen … Urvertrauen.

So konnte ich jedes der sieben Themen während des Schreibens in meinem Alltag wiederfinden. Und ich empfand es als sehr stimmig, dass gerade das letzte Kapitel zum Thema Freiheit in der Zeit um Weihnachten entstand. In jenen Tagen, in denen nach alter Tradition das Licht neu geboren wird. Ich hoffe, dass Sie beim Lesen des Buches so viel Freude empfinden wie ich beim Schreiben!

Herzlich,
Julia Gruber

I.

Urvertrauen

Die Frau, die dem Silbermond folgte

Faru stand auf. Sie dehnte ihren Rücken. Seit jenem Tag, als sie fortgelaufen war, wies er eine krumme Stelle auf. Das machte sie kleiner, als sie eigentlich war. Faru lebte als Haushälterin, Kindermädchen und Bettgenossin im Haus von Yusuf. Ihre Eltern hatten sie an einen Händler verkauft, der ihnen Geld und eine gute Ausbildung für ihre Tochter versprochen hatte. Nach einer zweitägigen Reise in einem Transporter mit fünfzehn anderen Mädchen war sie zu Yusuf gekommen.

Ihr Arbeitstag hatte vierzehn Stunden. Manchmal arbeitete sie auch in der Nacht. Sie hatte kein eigenes Geld, keine Papiere und ihre Verbindung zur Außenwelt beschränkte sich auf die wenigen Blickkontakte im Garten, wenn ein paar Jungs zufällig über die Mauer lugten und nach ihr pfiffen.

Am Anfang dachte Faru, dass sich ihre Situation schon bessern würde, wenn sie ihre Tätigkeiten gut machte. Doch stattdessen wurden ihr noch mehr Arbeiten auferlegt. Dann versuchte sie, sich mit den Kindern anzufreunden, aber das mochte Yusuf nicht. Er duldete nichts Persönliches. Zur Strafe schnitt er ihr die Haare ab.

Immer wenn es ihr schlecht ging, hatte Faru den Traum, dass ihre Eltern sie eines Tages fänden und befreiten. Sie malte sich das Wiedersehen in den schönsten Farben aus: Im Dorf hätte man ihr zu Ehren einen Empfang vorbereitet. Die Freundinnen würden ihr Blumen ins Haar stecken wie einer Prinzessin. Die Burschen wären ganz neugierig auf all ihre Abenteuer in der fremden Stadt. Und im Haus der Eltern würde es nach frisch gebackenem Fladenbrot duften. Das dachte Faru und arrangierte sich so mit ihrem Kummer.

Doch vor einiger Zeit konnte sie das Bild ihres Dorfes nicht mehr heraufbeschwören. Da wurde Faru klar, dass die Eltern nicht mehr kommen würden, um sie zu retten. Nicht heute, nicht morgen, nicht in einem Jahr. Denn sie hatten fünf weitere Kinder zu versorgen und die kleine Landwirtschaft dazu. Wahrscheinlich wussten ihre Eltern nicht einmal, wo sie war. Faru hatte ja selbst keine Ahnung.

Da lief sie weg, denn ohne Hoffnung wollte sie nicht leben. Es dauerte fünf Stunden, bis Yusufs Leute sie in einer Scheune im Nachbarort fanden. Sie hatten die Hunde dabei. Die krumme Stelle in ihrem Rücken erinnerte sie noch heute daran. „Damit du so etwas nie wieder tust", hatte Yusuf geschrien, „nicht einmal in deinen Träumen!" Und er prügelte sie windelweich.

Faru wusste, dass ihr an dem Tag nicht nur die Wirbelsäule gebrochen wurde. Sie verlor die Lust zu essen. Ihre Augen wurden schlechter, vielleicht wollte sie die Welt nicht mehr sehen. In ihr gab es so viel Leid, kein Ende in Sicht. Sie dachte an das große Meer im Norden, von dem ihr Onkel erzählt hatte. Es reichte bis zum Horizont. „Und wenn du mit dem Schiff bis zum Horizont fahren willst", sagte der Onkel, „dann läuft er vor dir davon."

Welchen Sinn sollte ein Leben mit so viel Leid haben? Faru beschloss, sich umzubringen. Sie musste es nur klug anstellen, damit Yusuf ihr dabei nicht auf die Schliche kam. In einem geeigneten Moment würde sie sich vom Dach des Hauses auf die Steinplatten fallen lassen. Am besten nachts. Wenn sie sich bemühte, müsste es ausreichen, um sich das Genick zu brechen.

Heute war es so weit. Der Mond stand schon hoch am Himmel und die Lichter der Nachbarschaft waren ausgegangen. Faru schlich auf Zehenspitzen zur Dachluke hoch und kletterte flink nach oben. Über ihr thronte der runde Mond am Nachthimmel, blickte sie mit seinem silbernen Gesicht an. Schnell trat sie bis an die Mauerkante vor und wagte einen Blick nach unten. Es war schattig dort. Faru dachte an ihre Mutter und wie hart diese gearbeitet hatte, um alle Kinder durchzufüttern. An ihren Vater, der sie gerne als Lehrerin gesehen hätte. An ihre eigenen Träume, die in den letzten Jahren in Yusufs Haus – wie viele waren es eigentlich gewesen? – zu Staub zerfallen waren. Plötzlich schien es ihr, als ob der Mond zu ihr sprach. Er hatte die Stimme ihres Onkels und sagte: „Faru, jedes Menschenleben ist einzigartig! Ob es nun leidvoll ist oder glücklich. Was macht das schon für einen Unterschied? Für das Leben ist alles kostbar. Sieh her!" Und dann ließ der Mond sein Silberlicht über das Häusermeer fließen. Er goss es über alle Dächer, die großen und die kleinen. Es verfing sich in den Ästen der Granatapfelbäume und im Gewirr der übervollen Mülltonnen. Auch Farus Arme und Beine leuchteten im Silberglanz. Ihr Gesicht, ihre Haare, die schon wieder nachgewachsen waren. Mondlicht drang in ihre Lunge, in die gekrümmte Wirbelsäule, strömte über ihre Blutbahn bis in ihr Herz.

Da stand sie, Faru, die Silberfrau. Hatte alle Hoffnung und Angst verloren. Langsam stieg sie vom Dach hinunter, streichelte Yusufs Hunde zum Abschied und öffnete das Tor. Es war kälter hier in dieser Gegend, also würde sie sich nach Süden wenden. Der Mond leuchtete ihr den Weg bis zum Fluss. Dort löste sie das Tau eines Bootes und ließ sich vom silbernen Wasser sachte stromabwärts tragen.

Der Wunderbaum

Was war das bloß für ein grauenhafter Geruch? Karl versuchte sich zu konzentrieren und Ordnung in seine Gedanken zu bringen. Rund um ihn surrte und piepte es, es waren die vertrauten Geräusche des Krankenraums. Dieser Gestank – wo hatte er ihn zuletzt gerochen? Diese Mischung aus Fäkalien, Tannenwald und Chemiefabrik. Jetzt fiel es ihm wieder ein: das Taxi! Vor dem Unfall. Ein Duftbaum war am Rückspiegel befestigt gewesen. Nach dem Zusammenprall war er direkt über seiner Nase gelegen.

Mühsam öffnete Karl sein rechtes Auge. Ein Auge musste reichen, um diesen schrecklichen Verdacht zu erhärten. Tatsächlich, da hing das grüne Ungetüm. Angebunden an seinem dreiecksförmigen Bettaufrichter. Karl schnaufte auf: Unfassbar! Wem war dieser schlechte Scherz eingefallen? Verwandte hatte er keine, demnach konnten es nur Arbeitskollegen gewesen sein. Wollten sie damit andeuten, dass er nicht gut genug roch? Denen würde er es heimzahlen! Dass sie ihn so demütigten, seine schwache Lage so ausnutzten! Wut stieg aus der Tiefe seiner Eingeweide auf. Siedend heiße Wut.

„Hallo, Herr Opa, bist du jetzt wach?", ertönte eine kleine Stimme. Eine Stimme von rechts. Er sah nichts, konnte ja seinen Kopf nicht bewegen.

„Gefällt dir der Baum? Ich habe ihn aus dem Auto meiner Mama mitgenommen."

Wieso gab es in dem Krankenzimmer plötzlich Kinder? Er musste nach der Schwester klingeln, sie sollte den Rotzlöffel hinauswerfen. Wo war bloß der verdammte Knopf? Ach, jede Regung tat ihm so weh.

„Weißt du, meine Mama erlaubt mir immer, dass ich mich ein bisschen umsehe im Spital, damit mir nicht fad wird. Sie arbeitet zu Weihnachten, weil sie dann mehr bezahlt kriegt."

Wo war bloß dieser Klingelknopf? Verzweifelt versuchte Karl seine Hand zu bewegen. Umsonst, alles wie fixiert. Da lag er nun und irgendwo neben ihm war dieser freche Bengel. Mein Gott, was dem noch alles einfallen könnte. Wann kam endlich die Krankenschwester? Das Spital war auch kein sicherer Ort für ihn. Er versuchte zu rufen, er strengte sich an. Doch es kam nur ein klägliches Stöhnen über seine Lippen.

„Hier bin ich! Warte, ich klettere auf einen Stuhl, damit du mich besser sehen kannst."

Ein kleiner Kopf mit rotblonden Haaren und Sommersprossen tauchte in Karls Gesichtsfeld auf.

„Du siehst aus wie mein Opa, deswegen setze ich mich jeden Tag zu dir. Bisher hast du nur geschlafen."

Um Gottes willen, der Rotzlöffel war schon öfter da gewesen! Hoffentlich hatte er nichts aus der Schublade gestohlen. Karl nahm sich vor, die Krankenschwester zu bitten, seine Geldtasche besser zu verstauen. Und dem Kerl sollte sie eine gehörige Tracht Prügel verpassen. Verzweifelt versuchte Karl seine Hand zu bewegen. Doch sie rührte sich keinen Millimeter von der Stelle.

„Meine Mama sagt, dass es den Menschen guttut, wenn sie gemeinsam unter dem Weihnachtsbaum sitzen. Deswegen habe ich den Duftbaum auf deine Turnstange gebunden. Dann können wir hier gemeinsam Weihnachten feiern."

Eine Zeit war es still, einmal abgesehen von dem steten Surren und Piepen der Geräte.

„Mein Opa ist schon tot. Schau, ich habe Kekse mitgebracht."

Wieder tauchte der rote Schopf des Buben auf. Dann hörte Karl das leise Knacken des Backteiges.

„Sie schmecken gut. Du musst erst gesund werden, dann gebe ich dir einen. Morgen komme ich wieder."

Karl schloss die Augen. Er hörte das leise Klicken der Türe und war wieder allein. Der Bub nannte ihn Opa. Er hatte ihn zum Abschied an der Wange berührt. Karl schlief ein und träumte von einem Tannenwald.

Abends flog die Türe auf. Ein Arzt beugte sich über sein Bett: „Herr Berger, was soll denn dieser alberne Duftbaum an Ihrem Triangelgriff? Ich nehme ihn ab."

Karl wusste, dass er es konnte. Er würde es schaffen. Ganz langsam neigte er seinen Kopf von links nach rechts. Zum ersten Mal hatte er ihn wieder alleine bewegt, ein Nein zustande gebracht. Nein! Sie sollten den Baum nicht abnehmen. Es war *sein* Wunderbaum. Und morgen würde er mit seinem kleinen Freund darunter Weihnachten feiern.

Rendezvous auf der Wiese

Er lebte mit ihr, tagein und tagaus. Und weil diese Routine schnell zur Selbstverständlichkeit wird und ihren Zauber verlieren kann, trafen sie sich jede Woche zu einem Rendezvous. Immer auf der großen Wiese oberhalb seines Hauses.

Auch heute suchte er eine geeignete Stelle im Gras aus und ließ sich nieder. Das Wichtigste für ihr Treffen war, sich Zeit zu geben. So konnte der Lärm in seinem Kopf verebben, die vielen Alltagsgedanken. Er legte sich auf den Rücken und verlor sich in der unendlichen Weite über ihm. Manchmal sah er zarte Wolkenformationen im Himmelsblau und jene langen weißen Striche, die Menschen auf ihren Flugreisen zeichneten. An anderen Tagen lag eine dicke, graue Decke über ihm ausgebreitet, zum Greifen nah. Oder es nieselte. Doch sie begegneten einander bei jedem Wetter. Das machte ihr Rendezvous so wertvoll. So vertraut.

Auch heute waren sie beide da. Er strich mit seinen Fingern durch ihr grünes Haar. Wie fein die Halme waren, wie vielgestaltig! Sie kitzelten ihn sanft auf der Haut. Andere Blätter waren kratzborstig, sodass er seine Hand schnell zurückzog. Rund um ihn duftete es nach Kamille und Sommerkräutern. Sie roch an jedem Tag anders, doch immer vertraut: manchmal nach frisch geschnittenem Gras, dann wieder herb nach feuchter Erdkrumme und moderndem Herbstlaub. Oder nach Schnee.

Während er so dalag mit ihr, entspannte sich sein ganzer Körper. Er fühlte, wie sein kleiner Rücken von ihrem großen getragen wurde. Seine Gürtelschnalle hob

und senkte sich bei jedem Atemzug. Am Waldrand raschelten die Blätter der Bäume sanft im Wind. Es war ein
gemeinsames Atmen und Pulsieren. Er, der Kleine. Und
sie, die Große. Mutter Erde.

Glück oder Unglück?

Es waren einmal drei Freunde: Paul, Otto und Felix. Sie beschlossen, auf eine Reise zu gehen, um mehr von der Welt kennenzulernen.

Paul war ein Perfektionist, der nichts dem Zufall überließ. Akribisch plante er sein Gepäck, denn er wollte auf alle Situationen vorbereitet sein: Verbandskasten und Medikamente, Werkzeug, Essensvorräte, Kochutensilien, Landkarten. Auch die Wahl des rechten Autos musste bedacht werden – vielleicht ein Wohnmobil mit Anhänger?

Otto wiederum malte sich seine Abenteuerreise in leuchtenden Farben aus. Er wollte bis zum Meer im Osten kommen, vielleicht sogar darüber hinaus. Er würde einen schnellen Flitzer kaufen, um die Damen am Weg zu beeindrucken. Oder sollte es doch lieber ein Geländewagen werden? In jedem Fall sollte das Auto seinen sportlichen Typus unterstreichen.

Felix hatte keine besonderen Pläne. Er kaufte einen kleinen Lieferwagen, den ihm ein Nachbar günstig anbot, und fuhr los. Schon am zweiten Tag blieb er in einem Schlagloch hängen. Achsenbruch, an eine Weiterfahrt war nicht zu denken. Felix ließ sich auf der Motorhaube nieder und starrte in die Gegend. So saß er geraume Zeit auf der Landstraße, andere Autos kamen nicht vorbei. Dann entdeckte er in einiger Entfernung am Feld einen Traktor. Der Bauer half ihm und ließ ihn bei sich wohnen, bis die nötigen Ersatzteile beschafft waren. Felix arbeitete in der Zwischenzeit am Feld. Es gefiel ihm bei dem Bauern. Als sein Lieferwagen repariert war, fuhr er für ihn in die Stadt, um die Früchte der Felder zu verkaufen. Er hatte gar nicht gewusst, dass ihm die Marktfahrerei und das Feilschen so viel Spaß machte.

Eines Tages wurde die Stadt von einer Seuche heimgesucht und Felix erwischte es als einen der Ersten. Jetzt setzte ihn der Bauer vor die Türe, denn er fürchtete um die Gesundheit seines Viehs. Davor musste er ihm allerdings noch die Reparatur des Lieferwagens bezahlen. Nun waren seine Ersparnisse aufgebraucht. Wo sollte Felix nun bleiben? Mit letzter Kraft fuhr er in die Stadt und parkte beim Brunnen am Marktplatz. Am Abend fand ihn dort die Haushälterin des Arztes, mit der er am Marktstand gerne geplaudert hatte. Sie hatte Erbarmen und nahm ihn mit.

Felix blieb im Haus des Arztes und nutzte die lange Zeit seiner Genesung, um für ihn die Buchhaltung zu machen. Er entdeckte, wie leicht sie ihm von der Hand ging.

Dann kam der Tag, als ihn der Arzt für gesund erklärte. Er wollte ihn nun nicht mehr länger durchfüttern und verlangte als Gegenleistung den Lieferwagen. Dieser hatte sich als Transportmittel für seine bettlägerigen Patienten bestens bewährt. Nun hatte Felix gar nichts mehr.

Wie betäubt wanderte er durch die Gassen und dann beim Stadttor hinaus. Er wollte sich in den umliegenden Wäldern einen Unterschlupf für die Nacht suchen. Und ein paar Beeren, denn sein Magen grummelte wie ein hungriger Wolf. Auf der Wiese vor der Stadt hatte ein Zirkus sein Zelt aufgeschlagen. Ein verführerischer Duft nach gerösteten Zwiebeln schwebte in der Luft und zog Felix magisch an. Vielleicht würde ihm jemand etwas zu essen abgeben? Aus einem der Wägen drang lautes Gezeter. Ein Streit, irgendetwas stimmte mit der Abrechnung nicht. Für ein warmes Essen wäre Felix gerne bereit, den Rechenstift in die Hand zu nehmen. Also fasste er sich ein Herz und klopfte. Man wurde sich schnell einig.

So blieb Felix beim Zirkus. Sein gutes Verhandlungsgeschick machte ihn schon bald zum Geschäftsführer. Er liebte das freie Zirkusleben, das ihn durch alle Gegenden des Landes führte.

Eines Tages schlugen sie das Zelt auch in seiner Heimatstadt auf. Felix war nur allzu neugierig zu erfahren, welche Abenteuer seine beiden Freunde in der Zwischenzeit erlebt hatten. Sie trafen sich im Wirtshaus. Paul erzählte stolz von der Einrichtung seines Wohnmobils und all den Utensilien, die er sich angeschafft hatte. Die meisten Herausforderungen seiner Reise würde er nun meistern können. Um sicherzugehen, hatte er bereits erste Teststrecken in der Umgebung durchgeführt.

Otto berichtete mit leuchtenden Augen von jenen fantastischen Orten, die er zu bereisen gedachte: exotische Länder mit lächelnden Frauen, üppiger Vegetation, unbekannten Tierrassen. Ja, und mit Goldminen von unschätzbarem Wert. Aufgebrochen wäre er noch nicht, denn er könnte sich nicht entscheiden, in welche Richtung es gehen sollte. Schließlich wollte er kein Abenteuer verpassen.

Dann erkundigten sich die Freunde bei Felix, wie es ihm ergangen war. Ach, sagte dieser, es war immer anders gekommen, als gedacht. Das Leben sei so schrecklich unberechenbar! Voller Glück und Missgeschick. Man könne nie wissen, wann sich das eine ins andere wandelte. Dabei blickte er versonnen in sein Glas. Plötzlich stürzte ein Mann zur Türe hinein: „Felix, schnell! Der Zirkus brennt!"

Späte Geborgenheit

Draußen war es gleißend hell und kalt. Die pulsierende Versorgungsschnur war rasch getrennt, dann gab es einen kräftigen Klaps auf den Hintern. Sie schrie. Der Arzt war mit ihrer Lungenleistung zufrieden und reichte sie an die Schwester weiter. Dort wurde sie gewaschen, gewogen, gemessen. Man zog ihr die ersten Windeln an und ein adrettes Hemdchen. Dann kam sie zur Mutter.

Dieser klebten die Haare an der Stirne von der vorangegangenen Anstrengung. Aber sie war stolz. Sehr stolz und erleichtert. Sie hatte es geschafft. Der Vater, die Großeltern, alle freuten sich über die Kleine. Man legte sie in ein Bettchen und schob sie in die Kinderabteilung. Man weiß ja, wie heikel Neugeborene sind. Sie könnten sich alles Mögliche holen von den Besuchern in einem Spital. In der Kinderabteilung hingegen waren sie sicher. Zum Gang gab es eine Glasscheibe. Die Eltern konnten sich jederzeit vergewissern, dass drinnen alles in Ordnung war. Auf Wunsch hielt man das Mädchen sogar für ein Foto an die Glasscheibe.

Alle vier Stunden brachte man sie zur Mutter. So sah es der Dienstplan vor. Dann bekam sie etwas zu trinken, nicht früher und nicht später. Denn ein gesunder Rhythmus war wichtig für das weitere Leben. Daran sollte sich das Kind möglichst bald gewöhnen.

Mit dem Stillen klappte es nicht so recht. Es lag wohl an der Mutter, sie war zu nervös. Das übertrug sich auf das Kind. Schon hatte die diensthabende Schwester eine Flasche bei der Hand, füllte sie mit warmem Wasser, rührte das Milchpulver ein. Alles steril und genau nach Gebrauchsanweisung. Man wusste genau, was drinnen war.

Wieder zu Hause. Der Vater hatte bereits alles vorbereitet: Gitterbettchen, Wickelkommode, Babybadewanne, Flaschenwärmer. Das Leben zu dritt war neu und aufregend! Doch bald waren die acht Wochen Mutterschutz um. Die Mutter ging wieder zur Arbeit. Ihre Kinderkrippe lag im vierten Stock eines Mietshauses. Jeden Morgen hallte das Schreien des Kindes im Stiegenhaus wider. Es war unerträglich, der Mutter zerriss es das Herz.

Dann kamen der Kindergarten und die Geschwister. Das Mädchen war nun die Große, sollte verantwortungsbewusst sein. Und alles richtig machen. Auch später bei ihrem Freund und in der Arbeit. Sie bemühte sich redlich und hatte viele Erfolge. Doch heimlich litt sie an Ängsten: nicht gut genug zu sein, ausgeschlossen zu werden. Sie wusste auch nicht, woher diese Panik kam, und hasste sich dafür, nicht belastbar zu sein. Je älter sie wurde, umso mehr verschlimmerten sich ihre Angstzustände, überwältigten sie schon in der Früh. Es fiel ihr schwer, einen normalen Alltag aufrechtzuerhalten.

Eines Tages kam sie mit einem netten Herrn an der Bahnstation ins Gespräch. Er zeigte ihr eine Zeitschrift und lud sie zum Treffen seiner Gemeinschaft ein, ganz unverbindlich. Sie war zur vereinbarten Zeit dort. Ein großer Raum, ein Vortragender, Gebete und stimmungsvolle Lieder. Sie vernahm, dass es auch für sie Rettung gäbe, wenn sie nur konsequent den Worten Gottes folgte. Denn sie wäre eine der Auserwählten, die ins Paradies aufgenommen würden. Es war schön mit den anderen. Alle kümmerten sich rührend und sie begann, regelmäßig zu den Treffen zu gehen. Hier fand sie endlich, wonach sie sich so lange gesehnt hatte: Geborgenheit. Bald schon begleitete sie den netten Herrn zum Bahnhof, um anderen Seelen den Weg heim ins Paradies zu weisen.

Das goldene Blatt

Nicole war trunken vor Traurigkeit. Es hatte keinen Sinn weiterzuarbeiten, sie konnte sich nicht konzentrieren. Also nahm sie sich eine warme Decke und legte sich damit in den Garten. Die goldene Herbstsonne schien ihr ins Gesicht.

Nein, es durfte nicht sein! Sie wollte es nicht akzeptieren, wollte den Lauf der Geschichte aufhalten. Er hatte sie doch schon als Säugling in den Händen gehalten. Er wusste Dinge von ihr, die keinem anderen bekannt waren. Wenn er starb, dann wäre ein Teil ihrer Vergangenheit für immer ausgelöscht.

Tränen flossen ihre Wangen hinunter, sammelten sich in den Ohrmuscheln, benetzten ihren Schal. Sie schloss die Augen und Bilder aus früheren Zeiten tauchten auf: seine famosen Reden zu runden Geburtstagen, das gemeinsame Wandern, die Geschichten vom Krieg. Seine geballte Lebenserfahrung hatte Nicole immer beeindruckt. Jetzt war alles verloren.

Erst gestern hatte sie ihn im Krankenhaus besucht, Stroke Unit. Alles war ordentlich und gepflegt gewesen, das Personal umsichtig. Sein Körper war ihr vollkommen intakt erschienen, als ob er bloß schlafen würde. Das vertraute Gesicht mit der markanten Nase, schlohweißes Haar auf dem vanillefarbenen Kopfkissen. Die erstaunlich jugendliche Haut. Er hatte stoßweise ausgeatmet, immer wieder auch gurgelnd. „Professor Landauer fiebert", hatte die Krankenschwester gesagt und: „Keine Sorge, er leidet nicht. Wir haben ihm ein gutes Schmerzmittel gegeben. Lange wird es nicht mehr dauern." Im

Raum hatte es nach Trost und Geborgenheit gerochen. Ein Verdunster mit ätherischen Ölen war vom Personal auf das Nachtkästchen gestellt worden.

Nicole dachte an ihren lieben und klugen Großvater: Wo sein Geist jetzt bloß war? Nicht ansprechbar, und doch so nah.

Vor vielen Jahren hatte sie mit ihm einmal über ein mögliches Leben nach dem Tod diskutiert. Er hatte damals gemeint, er glaube nicht an eine individuelle Seele. Für ihn persönlich würde es nicht weitergehen. Doch er vertraue den Erkenntnissen der Physik und dass die Energie im Universum nie verloren ginge. Für ihn gebe es nur diese eine Energie, die sich stetig wandelt. Damals hatte ihn Nicole scherzhaft gebeten: „Opa, wenn du vor mir stirbst und es doch ein Jenseits gibt, dann denk an mich und gib mir ein Zeichen!" Und sie hatten über diesen Einfall gelacht, sich skurrile Möglichkeiten ausgemalt, wie er im Fall bei ihr anklopfen könnte.

Diese Episode fiel ihr wieder ein, als sie so trostlos im Garten lag. Dann landete etwas in ihrer Hand. Einfach so, aus dem Nichts. Es fühlte sich federleicht, flach und glatt an. Vielleicht ein Blatt? Noch hielt Nicole die Augen geschlossen, wollte den Zauber des Augenblicks bewahren. Sie wog das unbekannte Objekt in ihrer Hand, dieses Geschenk des Himmels. Dann sah sie nach, betrachtete die goldgelbe Farbe des Blattes. Die feinen Rippen, die hauchzarte Textur. Auf der linken Seite fehlte dem Blatt ein Stück. Wie bei Opa, dachte sie. Dem auch das Bewusstsein abhandengekommen war.

Nicole stand auf und ließ ihren Blick über die Wiese um sich schweifen. Rundum lag eine Vielzahl an

Herbstblättern verstreut, wie goldene Tupfen im grünen Gras. So ein Durcheinander – doch auf eine eigene Art harmonisch. Eine Ordnung, die Nicole nicht verstehen konnte. Was bleibt, wenn die Blätter fallen? Sie schaute zum Himmel empor, doch er gab ihr keine Antwort. Dann blickte sie auf die Zweigspitzen der Bäume. Verborgen im Geäst saßen schon kleine Knospen und kündeten vom kommenden Frühling.

Dreierlei Vertrauen

Der Altbauer spürte, dass seine Stunde gekommen war. Er rief seine drei Söhne zu sich ans Bett und sagte: „Jeder von euch bekommt einen Acker und einen Sack Getreide von mir. Macht etwas Gutes daraus." Die Söhne versprachen es ihm, dann starb der Alte.

Sofort machte sich der Älteste ans Werk. Mühsam entfernte er alle Steine vom Acker, pflügte den Boden in sauberen Linien und säte Körner aus. Er machte die Feldarbeit genauso, wie er es vom Vater gelernt hatte. Denn er vertraute auf das Bewährte.

Der mittlere Sohn war ein Querdenker. Er fand, dass jede Zeit ihre eigenen Herausforderungen hatte, für die man neue Lösungen finden musste. Zum Beispiel seine Verstopfung betreffend. Er hatte beobachtet, dass das Wild in so einem Fall ein bestimmtes Kraut vom Feldrand fraß. Was für die Verdauung der Tiere gut war, könnte doch auch dem Menschen dienen. So dachte er und verarbeitete die Pflanze zu Kaltauszügen, Tees und Tinkturen. Bei positivem Ergebnis seiner Forschung würde er das Kraut in großem Stil auf seinem Acker anbauen. Er vertraute auf seine kreativen Ideen.

Dem jüngsten Sohn schmeckte das Getreide des Vaters im Kochtopf köstlich. Er liebte es, Feste mit seinen Freunden zu feiern und diese reichlich zu bewirten. Das Getreide war deshalb bald aufgebraucht. Macht nichts, denn auf Feldarbeit hatte er sowieso keine Lust. Also verpachtete er den Acker an den Wirten und ließ sich als Gegenleistung dessen Wein munden. Er vertraute darauf, dass der Herrgott schon für alles Weitere sorgen würde.

Allgemeines zum Urvertrauen

Urvertrauen bildet die Grundlage unseres Wohlbefindens. Wenn ein Mensch über eine gesunde Portion Urvertrauen verfügt, dann hat er das Gefühl, sich auf sich selbst, auf andere Menschen und auf die Welt als Ganzes verlassen zu dürfen. Der Begriff wurde ursprünglich von dem Psychologen Erik H. Erikson geprägt und meint jene innere, emotionale Sicherheit, die ein Kind in den ersten Lebensmonaten entwickelt, wenn sich eine feste Bezugsperson kontinuierlich und liebevoll um es kümmert. Urvertrauen fühlt sich in etwa so an:

„Ich bin es wert, geliebt zu werden."
„Ich fühle mich geborgen, verstanden und angenommen."
„Es lohnt sich zu leben."
„Die Welt ist ein sicherer Ort für mich."

Im Gegensatz dazu kann sich ein Urmisstrauen etablieren, wenn ein Kind abgelehnt, vernachlässigt oder gar misshandelt wird. Es verinnerlicht das Gefühl, seine Umwelt nicht beeinflussen zu können und ihr hilflos ausgeliefert zu sein. Dadurch entstehen Ängste des Verlassen- und Bedrohtwerdens. Wie sensibel gerade kleine Kinder sind und welch großen Einfluss die ersten Lebensjahre auf die spätere Entwicklung des Menschen haben, ist in der Wissenschaft erst seit wenigen Jahrzehnten ein Thema. Früher hielt man Kinder für biologische Reflexwesen und Mutterliebe wurde gar als gefährliches Instrument eingestuft. „Wer Kinder bemuttert, der schwächt sie." (John B. Watson) Wichtig erschien damals bloß die korrekte äußere Versorgung des Babys oder Kleinkinds, die oft von viel Fremdheit bestimmt war.

Erst in den Siebzigerjahren des letzten Jahrhunderts erkannte man, dass bereits beim Säugling grundlegende Bindungsbedürfnisse als Teil einer gesunden Entwicklung befriedigt werden wollen. Untersuchungen dokumentierten, dass schon der Fötus im Mutterleib von liebevoller Zuwendung profitiert. Er ist auch erstaunlich lernfähig: Beispielsweise können Babys Geschichten der Mutter, ihre Sprache und Melodien aus der Schwangerschaft wiedererkennen. Aber auch der Einfluss negativer pränataler Erfahrungen wurde erforscht: Wenn Schwangere großen Stresssituationen ausgesetzt werden, leiden die Kinder später überproportional oft an Verhaltensauffälligkeiten und irrationalen Ängsten.

Urvertrauen bildet sich demnach bereits vor der Geburt. Der Hamburger Wissenschaftler Werner Lauff sprach vom Mutterleib als „erstem Erziehungsraum". Positive vorgeburtliche Erlebnisse können zu einer lebenslangen Ressource werden. Leider gilt das Gegenteil genauso. Auch der Verlauf der Geburt ist für die Bildung des Urvertrauens essenziell. Wird der Übergang als tiefe Erfahrung des Sichanstrengens und -befreiens erlebt, stärken sich Urvertrauen und Lebenskraft, im Sinne von: „Ich kann es schaffen." Schwierige Umstände wie traumatische geburtshilfliche Eingriffe, Lieblosigkeit und Stress hingegen können einen lebenslang schwächenden Einfluss haben. Betroffene kämpfen mit vielfältigen Ängsten und sehnen sich nach Orten, wo sie sich sicher fühlen können (**„Späte Geborgenheit"**). Am Markt gibt es dafür ein vielfältiges Therapieangebot, von Psychotherapie über Rebirthing bis zu Traumatherapie und vielem mehr. Doch manchmal sorgt auch der Alltag mit seinen vielen Chancen dafür, aus alten Mustern auszusteigen (**„Der Wunderbaum"**).

Verbundenheit schafft Vertrauen, Vertrauen schafft Verbundenheit. Urvertrauen geht weit über zwischenmenschliche Beziehungen hinaus. Es ist ein grundsätzliches Vertrauen ins Leben, in die Zyklen der Natur. Die vier Jahreszeiten mit dem Erwachen der Pflanzenwelt im Frühling, der Reife im Sommer, dem Welken und Absterben im Herbst und Winter spiegeln den Zyklus des Lebens wider. Ein Leben im Einklang mit der Natur kann uns somit oft unverhofft Zuversicht und Kraft geben und helfen, den Tod als Teil des Lebens zu integrieren (**„Das goldene Blatt"**). Wir alle sind Kinder dieser Erde, die uns trägt und nährt. Wer seine Naturverbundenheit stärkt, vertieft auch sein Urvertrauen (**„Rendezvous auf der Wiese"**). So erfolgt im Zuge des Erwachsenwerdens eine Verschiebung des Getragenseins von den Eltern zu einem Getragensein vom „Großen Ganzen", dessen Teil wir Menschen sind. Urvertrauen wird so zu Selbstvertrauen (**„Die Frau, die dem Silbermond folgte"**). Es bedarf eines Zusammenspiels aus Vertrauen an das Selbst, an die eigenen Fähigkeiten und Stärken, und Vertrauen an die Außenwelt und an das Schicksal, welches unsere Wege lenkt. Dabei gibt es oft mehrere Möglichkeiten, eine bestimmte Aufgabe anzugehen (**„Dreierlei Vertrauen"**).

Ein gesundes Ur- und Selbstvertrauen erlaubt uns, den unmittelbaren Empfindungen Glauben zu schenken und danach zu handeln. So können wir in wichtigen

Situationen oft auf Anhieb gute Entscheidungen treffen, ohne zuerst die zugrunde liegenden Zusammenhänge vollständig ergründen zu müssen. Dies nennt man Intuition oder Bauchgefühl. Wie uns Felix in der Geschichte **„Glück oder Unglück?"** zeigt, helfen Anpassungsfähigkeit und Flexibilität, die Aufgaben des Lebens zu meistern. Wer vertraut, kann leichter loslassen.

Wie es mit unserem Urvertrauen bestellt ist, spiegelt sich in der Gesundheit unseres Darms wider. Laut neuen wissenschaftlichen Studien haben Menschen mit einer gesunden Darmflora weniger mit irrationalen Ängsten zu kämpfen als jene mit Darmproblemen. Werden Menschen mit geschädigtem Darm hingegen gesunde Bakterienstämme verabreicht, mildern sich gleichzeitig auch deren psychische Probleme. Für die Stärkung des eigenen Urvertrauens kann also auch eine gesunde, typgerechte Ernährung ein wichtiger Schlüssel sein.[3]

---

3 Gabriele Moser: Psyche und Verdauungstrakt, Österreichische Ärztezeitung vom 25.10.2016, S. 20–26, online unter: http://www.aerztezeitung.at/fileadmin/PDF/2016_Verlinkungen/State_Psyche_Verdauungstrakt.pdf

2.
Beziehungen

Sie nannten es Liebe

Sie begegneten einander bei einer Kakaozeremonie. Es war bereits dunkel, als er in den Raum trat. In der Mitte flackerten ein paar Kerzen auf einem Silbertablett und warfen rätselhafte Schatten auf die Gesichter der Teilnehmer, die in einem Kreis am Boden Platz genommen hatten. Neben ihr war noch ein Platz frei und so setzte er sich dazu und blickte sie scheu von der Seite an. Sie war ihm unbekannt und doch seltsam vertraut. Ihre Gesichtszüge, ihre aufrechte Haltung, die Art und Weise, wie sie mit einer Haarsträhne spielte. Eine tiefe Verbundenheit erfüllte ihn. Erstaunte ihn.

Nun ertönte ein Gongschlag und zwei Frauen trugen Tabletts mit dampfenden Schalen in den Raum. Ein wohliger Duft nach Kakao und Vanille breitete sich aus. Von allen Seiten wurden die Schalen weitergereicht. Kakao floss durch Kehlen und Münder, erwärmte Eingeweide und Herzen, brachte die Augen zum Leuchten. Wieder sah er sie an: ihre Nasenflügel, den leicht geöffneten Mund. Sie spürte seinen Blick und wandte sich ihm ganz zu. Sah seine Verlegenheit. Dann mussten beide lachen. Sie ergriff seine Hand und führte ihn wortlos auf die Tanzfläche. Sie blieben zusammen bis in die frühen Morgenstunden. Schmiegten sich aneinander, als würden sie sich schon ewig kennen. Dann folgte der Abschied: Er nannte es Liebe, wollte sie unbedingt wiedersehen, mit ihr zusammen sein. Sie nannte es Liebe und ging ihres Weges.

Don Juan auf der Parkbank

Mühsam öffnete er seine Augen. Der Kopf tat ihm weh und der Rücken ebenso. Um Himmels willen, wo war er bloß? Er tastete nach seiner Geldbörse, sie war noch da. Aber der Mantel? Er hatte tatsächlich nur seinen Anzug an! Und das im Februar, bei dieser Kälte. In der Manteltasche waren seine Wohnungsschlüssel gewesen. Wie sollte er das Marie erklären? Mühsam richtete er sich auf und klopfte sich den Staub vom Sakko. Wie lange er wohl vor der Lüftung des Warenhauses gelegen hatte? Auf der anderen Straßenseite sah er Kinder mit Schulrucksäcken gehen. Bestimmt war es bald acht Uhr. Diesmal konnte er sich nicht heimlich hineinschleichen, ohne Schlüssel. Den Blick seiner Frau an der Wohnungstüre wollte er sich lieber nicht ausmalen.

Warum immer diese Abstürze? Er hasste sich dafür, es gab keine Entschuldigung. Oft hatte er sich schon vorgenommen, sich zu bessern. Sich zu kontrollieren. Endlich erwachsen zu werden.

So konnte es nicht weitergehen, Marie würde ihn verlassen! Verzweifelt ließ er sich auf eine Parkbank fallen. Aus den Augenwinkeln sah er neben sich eine alte Frau sitzen. Kopftuch, zerschlissener Rock, Strickweste, dunkelhäutig das Gesicht und voller Runzeln. War ihm jetzt auch egal. Er seufzte laut.

„Dir geht es gut! Du hast nichts zu verlieren."
Die Alte schwieg.

„Ich habe eine tolle Frau. Eine großherzige, liebevolle Frau. Doch ich zerstöre gerade unsere gemeinsame Zukunft mit meinen Eskapaden."

In einer Geste der Hoffnungslosigkeit hob er seine Arme und ließ sie schwer auf die Oberschenkel fallen.

„Gestern habe ich wieder über den Durst getrunken. Sonst bin ich ein sehr gewissenhafter Ehemann, das können Sie mir glauben. Doch manchmal reitet mich einfach der Teufel. Dann besaufe ich mich, wandere von Bar zu Bar mit irgendwelchen Fremden. Bis ich schließlich in so einem verfluchten Freudenhaus lande."

Die Alte bewegte sich nicht, schaute unergründlich zu Boden.

„Dabei wollte ich immer ein ehrbarer Mann werden! Weil mein Vater so ein Hallodri war. Wusste doch jeder bei uns im Dorf, dass der Vater etwas mit anderen Frauen hatte. Und die Mutter saß daheim und grämte sich. War depressiv deswegen. Er hat sie ruiniert!"

Die Alte sagte kein Wort.

„Ich durfte nie zu Freunden gehen, damit Mutti nicht alleine war. – ‚Du willst doch nicht, dass Mutti noch trauriger wird?' – Also blieb ich zu Hause und tat mein Bestes, um sie glücklich zu machen. Brachte ihr Tee und Blumen aus dem Garten."

Er sprang auf, schrie mit wutverzerrtem Gesicht. „Wie ich es hasste, dieses Bravsein! Warum musste immer ich für ihr Wohlbefinden verantwortlich sein? Wie eine Krake war meine Mutter, sie hatte ihre Fangarme überall!" Er schnaufte, wischte sich die Haare aus der Stirn, setzte sich wieder hin.

„Vielleicht bin ich deshalb nach der Schule in ein Kloster eingetreten. Weil es mir als sicherer Ort erschien. Geschützt vor den Frauen und ihrer undurchsichtigen Krakenmacht."

Er wendete sich der Alten zu. „Doch ich hatte nicht mit den vielen Besucherinnen gerechnet, die täglich ins Kloster kamen. Junge Frauen mit sehnsüchtigem Blick. Ich hörte mir ihre Sorgen und Nöte an. Sie alle wollten verstanden werden, wollten sich mir anvertrauen, hingen an meinen Lippen. Und ich kann gut zuhören, glauben Sie mir." Nun blickte er auf seine Schuhspitzen. Wickelte sich fester in sein Sakko.

„Der Abt legte mir nahe, das Kloster zu verlassen. Er sagte, dass Flucht vor der Welt auch keine Lösung sei. Ich zog dann in die Stadt zum Studieren: Vorlesungen, Prüfungen, dazwischen wilde Partys. Ich nahm die Fährte des Weiblichen wieder auf. Besonders die unberechenbaren Frauen reizten mich. Jene, die mir zu Füßen lagen und am nächsten Tag ins Gesicht spuckten. Das befeuerte meine Leidenschaft. Gleichzeitig litt ich wie ein Hund. Fühlte mich gedemütigt."

Er blickte in den Himmel hoch, räusperte sich. „Doch dann traf ich Marie. Marie ist anders, müssen Sie wissen. Sie ist so – rein. Sie kommt aus einer strenggläubigen Familie. Für sie gibt es keinen Sex vor der Ehe. Die Familie ist ganz wichtig, daraus schöpft sie Kraft. Sie ist geradlinig, absolut verlässlich und großherzig noch dazu. Sie ist ein wunderbarer Mensch!"

Wieder schaute er kurz zur alten Frau hinüber. Sie zuckte mit keiner Wimper.

„Wir verliebten uns ineinander und ich beschloss mein Verhalten zu ändern. Ab nun sollte es keine Exzesse mehr geben, dieser Frau zuliebe. Ich zeigte mich geduldig, verlässlich und sanft. Alles lief perfekt – bis zum Ostermontag letzten Jahres. Wir hatten ein paar schöne

Tage mit ihrer Familie. Und am letzten Abend ging ich fort, besoff mich bis zum Anschlag und gab mich dann der Hurerei hin."

Wütend kickte er mit seinem Fuß einen Stein weg. „Obwohl ich mich so bemühe – für sie, für uns –, passiert es mir immer wieder. Ich will es ausrotten, dieses triebhafte Tier in mir, das alles kaputt macht, diesen geilen Bock. Doch es gelingt mir nicht. Ich bin wie mein Vater! Schuldig, schuld an allem!"

Verzweifelt sah er zur Alten hinüber. Sie regte sich nicht. Er lehnte sich wieder zurück. Eine Zeit war es still. Spatzen näherten sich und pickten ein paar Krümel vom Weg.

„Nun, vielleicht stimmt es nicht ganz, was ich sage. Dieses Tier in mir, es hat auch seine wunderbaren Seiten … Es ist so zügellos. Es lebt ohne Leine, frei, ungebremst, unbeherrscht. Es ist so … zudringlich, anmaßend und kraftvoll."

Impulsiv sprang er auf, klopfte sich wie ein Gorilla auf die Brust und brüllte: „Ach, es ist so herrlich, ein wilder Mann zu sein! Dieses volle Leben, ich kann ohne dieses volle Leben nicht sein!"

Er gestikulierte wild. Die Spatzen flogen auf und retteten sich ins Geäst des nächsten Busches. Dann setzte er sich wieder hin, sprach leise weiter: „Ich kann nicht ohne – und ich kann nicht mit. Es ist hoffnungslos."

Neben ihm auf der Parkbank lag eine Gratiszeitung, die ein Passant zurückgelassen hatte. Eine Windböe fuhr hinein und schlug ein Inserat auf.

Laienschauspieler für ein Theaterprojekt gesucht:
„Don Juan und die Untiefen des Menschseins.“
Komm zum Casting und zeig, was in dir steckt!

Stumm blickte er auf das Inserat. Die Spatzen näherten sich wieder. Pickten mit ihren Schnäbeln nach Brotkrumen im Kies. Plötzlich gab er sich einen Ruck und stand auf. Verbeugte sich vor der Alten, murmelte ein paar Dankesworte und verschwand eilig in der Gasse.

1 + 1 = 3

Otto und Amelie hatten sich auseinandergelebt. Damit die Beziehung nicht in die Brüche ging, gründeten sie eine Familie.

Sabine suchte nach einem Sinn für ihr Leben. Nuri wollte nie wieder hungern. Gemeinsam starteten sie eine Suppenküche für Obdachlose.

Bernd war klein und durchtrieben. Horst war ein Schlägertyp und schwer von Begriff. Zusammen waren sie stark genug, die Straßengang zu führen.

Frau Recke hatte in ihrer Pension viel Zeit, aber keine Abwechslung. Ihre Nachbarin Jessica hatte keine Zeit, dafür ein kleines Baby. Zusammen bildeten sie eine Wahlfamilie.

Helene kannte sich mit Zahlen aus. Bernhard war ein fleißiger Handwerker. Gemeinsam bauten sie einen leerstehenden Bauernhof in ein florierendes Gästehaus um.

Dora wollte ein Kind. Rolf wollte Dora, doch seine Unabhängigkeit war ihm auch wichtig. Rolf machte Dora ein Kind, sie zog es alleine auf.

Dieter war übergewichtig. Der Hund der Nachbarin saß alleine zu Hause. Dieter führte ihn äußerln, nach einem Jahr passte er wieder in seine alten Jeans.

Daniela wollte Kinder, doch sie war unfruchtbar. Sieglinde brauchte Geld zum Studieren. Sieglinde verkaufte dem Labor zwei Eizellen und Daniela brachte die Kinder zur Welt.

Andi hatte Geld, doch keine Ideen. Norbert hatte Ideen, doch kein Geld. Gemeinsam eröffneten sie die erste Reitschule auf dem Dach eines Einkaufszentrums.

Böse Pizza

Der erste Griff am Morgen ging stets zur linken Seite. Sie wollte sich vergewissern, dass er da war und über ihren Schlaf wachte. Doch heute griff sie ins Leere. Sofort war sie hellwach: die Pizzeria! Alles Schreckliche war sofort wieder da. Gestern hatten sie Geburtstag gefeiert und wie immer war er an ihrer Seite gewesen. Aber am Heimweg konnten sie ihn nicht finden. Natürlich wollte sie auf der Stelle zurück in die Pizzeria. Konnte doch nicht ohne ihn sein! Die anderen hatten versucht, sie zu beruhigen: Die Pizza wäre ebenso gut gewesen, da hatte er noch bleiben wollen. Um sich einmal so richtig satt essen zu können. Sie solle sich beruhigen, am nächsten Morgen würden sie ihn gleich abholen.

Ach, wie sie geweint und geschrien hatte! Mit aller Kraft. Wollte es nicht akzeptieren. Doch die Eltern ließen sich nicht erweichen, es war zum Verzweifeln.

Lange hatte sie gestern nicht einschlafen können. So nackt fühlte sie sich ohne ihn. Wer würde jetzt auf sie aufpassen? Er war ihre Sicherheit in dieser Welt, in der doch so viele Gefahren lauerten. Autos, wilde Hunde, Feuergeister. Erst letzte Woche hatte sie das große Ding in der Wohnzimmerecke streicheln wollen. Weil es dort immer so angenehm warm war. Doch dann war ihr dieser stechende Schmerz in den Finger gefahren: der Feuergeist im Ofen. Er hatte an ihrem Finger geschleckt und die Kuppe wurde davon ganz dick und rot. Später bildete sich ein kleiner See unter der Haut. Man konnte das Wasser richtig hin- und herschieben. Ob dort auch Fische schwammen? Schnell holte sie ihren Finger unter der Decke hervor, um nachzusehen. Doch die dicke Stelle war verschwunden.

Wieder fiel ihr ein, dass er nicht an ihrer Seite war. Unruhig wippte sie hin und her. Sie brauchte seine strubbeligen Arme, um sich anzukuscheln. Er blieb immer freundlich, auch wenn sie schlimme Sachen machte. Zum Beispiel an dem Tag, als sie sich die Haare mit der Schere abgeschnitten und Mama so einen roten Kopf bekommen hatte vom Schimpfen. Er lächelte ihr trotzdem freundlich zu. Und tat immer, was sie wollte. Beim Papa war das anders. Der ging in der Früh ins Büro, obwohl sie ihm das schon mehrmals ausdrücklich verboten hatte. Gerade beim Frühstück würde sie den Papa nämlich dringend zum Vorlesen brauchen.

Er hingegen blieb treu an ihrer Seite. Außer heute: böse Pizza! In Zukunft würde sie ihn mehr füttern müssen, damit er solch gemeinen Versuchungen nicht erlag. Schnell schlich sie in die Küche, schnappte sich ein paar Scheiben Wurst und versteckte sie als Vorrat für Teddy unter ihrer Bettdecke.

Das kalte Ende

Noch einmal fuhr er zu ihr auf Besuch. Es war ein kalter Wintertag und sie gingen gemeinsam spazieren. Er war ihr immer vier Schritte voraus, sie vier Schritte hinten nach. Sie versuchten sich nah zu sein. Doch er konnte nicht langsamer gehen. Und sie nicht schneller.

Sie teilten ein Bett. Wollten Nähe herstellen. Die Körper waren kalt. Ihre Hand suchte die seine, er schreckte zurück. Am Morgen ein Versuch von Leidenschaft. Ein verzweifelter Orgasmus. Ihre Blicke trafen sich nicht.

Er stand auf und duschte kalt. Fühlte sich niedergeschlagen und dumpf im Kopf.

Sie blieb noch liegen, fühlte gar nichts. Er entzündete ein Feuer im Ofen. Es qualmte so stark, dass der Rauch aus der Ofentür ins Zimmer drang. Sie riss das Fenster auf. Schneeflocken fielen auf den Holzboden. Es war kalt, das Feuer ausgegangen.

Eine wunderbare Idee

Paul öffnete die Wohnungstür. Etwas versperrte ihm den Weg. Meine Güte, was machte denn der Karton im Vorzimmer? Elkes Unordnung brachte ihn noch um den Verstand. Mit einem Tritt beförderte er den Karton ins Eck. Dann hängte er seine Jacke säuberlich auf einen Haken und trat ins Wohnzimmer. Auch hier hatte sie ihre chaotischen Spuren hinterlassen: Am Esstisch lag noch die Morgenzeitung ausgebreitet, dazwischen Krümel vom Frühstück. Sie würde es wohl nie lernen. Wie oft hatte er sie schon darum gebeten aufzuräumen, bevor sie die Wohnung verlassen würde. Er warf einen Kontrollblick durch den Raum: Aha! Am Beistelltisch ein Wasserglas und die Kissen am Sofa waren eingedrückt. Er seufzte, trug das Glas in die Küche und wusch ihr Frühstücksgeschirr ab. Die Butter hatte sie auch nicht in den Kühlschrank gestellt. Als er fertig aufgeräumt hatte, ging er in sein Arbeitszimmer. Er sah frische Blumen am Tisch, das freute ihn.

Elke öffnete die Wohnungstüre. Warum lag denn der Karton im Eck? Paul war wohl wieder wie ein Trampeltier durch die Wohnung gefegt. Behutsam hob sie ihn auf. Den könnte sie noch gut gebrauchen, wenn sie einmal mit den Kindern ein Puppenhaus baute. Doch nicht jetzt. Sie stellte den Karton wieder ab und ging ins Wohnzimmer. Die Gäste würden bald kommen. Ob Paul schon etwas vorbereitet hatte? Enttäuscht blickte sie sich in der aufgeräumten Küche um: kein Kartoffelsalat. Wahrscheinlich war sie an der Reihe zu kochen. Sie stellte einen Topf auf den Herd, rümpfte dann die Nase. Wie abgestanden die Luft in der

Küche roch! Sie ging zum Fenster, machte die Flügel auf und holte tief Luft. Ein wunderbarer Tag war das heute, die Sonnenstrahlen spiegelten sich im Tau der Blätter. Welch ein Glitzern!

Paul stand auf, um sich ein Glas Saft aus der Küche zu holen. Er sah Elke am Fenster stehen, daneben den leeren Topf am Herd. Das Essen würde sich niemals ausgehen, dachte er verärgert. Warum sie immer so nachlässig war! Elke, die Träumerin. Doch wie sie dastand, ganz versunken in sich selbst, war sie auch wunderschön. Das musste er zugeben. Seine Elke, die sich für die alltäglichsten Dinge begeistern konnte. In ihrer Nähe fühlte er sich immer ein Stück lebendiger. Auch seine Zimmerpflanzen sahen vitaler aus, seitdem sie bei ihm wohnte. Bei den wichtigen Dingen war sie eigentlich gar nicht nachlässig. Paul sagte: „Hallo, sollen wir für heute Mittag etwas beim Chinesen bestellen?"

Elke schreckte zusammen, hatte ihn nicht kommen gehört. Sie war genervt. Dieser Mann hatte wirklich kein Feingefühl! Sie sah ihn am Türstock lehnen: Er hatte sich schön gemacht für den Besuch. Dieser Anzug, einfach lächerlich. Doch Paul mochte es, wenn Einladungen etwas Feierliches hatten, das wusste sie. Mit dem Anzug zollte er den Besuchern Respekt. Schnell sah sie an sich selbst hinunter: die geflickten Jeans, der ausgewaschene Pulli. Noch nie hatte er sich darüber beschwert. Vielleicht war es ja sie, der das Feingefühl fehlte. Sie lächelte: „Oh, Paul, das ist eine wunderbare Idee!"

Tanz im Dunkel

Die überhohen Fenster waren vollständig mit schwarzen Planen beklebt worden. Kein Schimmer der nächtlichen Straßenbeleuchtung drang in den Raum. Wie viele Menschen mochten sie wohl sein? Sie blickte in Richtung der großen Eingangstüre, durch die sie gekommen waren. Auch hier konnte sie keinen Lichtschlitz entdecken. Der ganze Raum war in Schwarz getränkt, ohne Orientierungspunkt.

Rundum wurde angeregt geplaudert. Alle warteten gespannt darauf, dass es losging. Dann eine laute Stimme: „Herzlich willkommen! Die Regeln für die nächsten zwei Stunden: Tanz im Dunkel – ohne Worte. Schaut gut auf euch. Viel Spaß!"

Die Musik setzte ein. Sie ließ sich durch den Raum treiben. Vorsichtig zunächst, mit langsamen Bewegungen. Die Arme schützend vor das Gesicht erhoben. Später immer lockerer, befreit von den Distanzen, die das Auge sonst zu anderen aufspannt. Sie fühlte sich in ihrem Element wie ein Fisch im Wasser. Nutzte Freiräume, die sich auftaten. Schwamm an anderen Meeresbewohnern vorbei. Quallenarme streckten sich ihr entgegen, klopften an ihrem Körper an, glitten ihr sanft über das Haar. Kleine Fische huschten unsicher an ihr vorbei. Freche Haie konfrontierten sie fordernd. Ab und zu fing sich der gierige Arm eines Kraken an ihrem Hintern. Dann befreite sie sich rasch und brachte sich im Gewirr der anderen Körper in Sicherheit.

Die Musik wurde lauter und der Schweißpegel im Raum stieg. Sie roch ganz unterschiedliche Körperdüfte.

Manche sinnlich, andere fremd oder abschreckend. Knoblauch und Angst, das mochte sie überhaupt nicht. Sie ließ sich vom Geruch leiten, blieb bei manchen Tanzpartnern länger.

Dann fand sie seine Hände. Groß, quadratisch und ruhig inmitten all des Trubels. Sie legte ihre Finger in die seinen und ließ sich führen. In winzigen, kaum wahrnehmbaren Bewegungen und in großen Kreisen. Dann übernahm sie die Initiative. Nahm ihn mit auf ihre eigene, wilde Reise. Er glich einem Felsen, der es mit jeder Brandung aufnehmen konnte. Sie wurde ihm nie zu viel. Ein Spiel aus Nähe und Distanz. Ein Aufeinander-Zugehen und Sich-wieder-Entfernen. Ganz im Augenblick aufgegangen.

Sie berührte seinen großen, quadratischen Schädel, seine feuchte Stirne, die Kopfhaut unter den kurz geschorenen Haaren. Er schwitzte stark. Wasser lief ihm den dicken Nacken hinunter. Ihre Finger glitten daran entlang, blieben an seiner Halskette hängen: ein Lederband, vorne ein kleiner Metallanhänger. Auch sein T-Shirt war schweißnass. Es störte sie nicht. Es gehörte dazu, zum Rausch aus Rhythmus, Bewegungen und Säften.

Dann löste sie sich von ihm, tanzte auf neue Begegnungen zu. Schließlich waren die zwei Stunden vorbei. Einer nach dem anderen trat aus der Dunkelheit ins Licht, zog sich in der Garderobe trockene Sachen an, machte sich frisch. Man versammelte sich um die Bar und plauderte bunt durcheinander. Jeder hatte so viel erlebt. Sie blickte sich suchend nach dem Mann mit den quadratischen Händen um. Wer konnte es wohl gewesen sein? Sie wusste nicht, wie er aussah, wie er hieß, kannte nicht den Klang seiner Stimme. Dann fiel ihr sein Lederband ein. Unauffällig studierte sie die Hälse der anwesenden Männer, doch ohne Erfolg.

Enttäuscht machte sie sich auf den Heimweg, es wäre zu schön gewesen. An der Wohnungstüre öffnete sie ihre Handtasche und nahm den Schlüssel heraus. Darunter lagen das Lederband und eine Telefonnummer.

Allgemeines zu Beziehungen

Das Baby kennt noch kein Ich und Du. Seine Welt ist ungeteilt, es befindet sich sozusagen im „paradiesischen Zustand". Sobald das Kind jedoch älter wird, entwickelt es ein Gefühl für das eigene Ich. Eine Empfindung für die eigene Präsenz, die von der Welt rundum als getrennt wahrgenommen wird. Jetzt geht das Spiel der Beziehungen los: Das bin ich – und das bin ich nicht. Der Mensch bildet seine Identität in Relation zu seiner Umgebung. Oder wie es der Religionsphilosoph Martin Buber ausdrückte: „Der Mensch wird am Du zum Ich." Wir erkennen uns im Spiegel des anderen, Gegensätze und Unterschiede werden benannt. Das Vergleichen hilft uns, uns klarer von anderen abzugrenzen: „Ich laufe schneller als er. Sie ist klüger als ich." Unsere sprachliche Verständigung beruht auf diesen gegensätzlichen Wortpaaren, die unter sich jeweils auch eine Beziehung aufspannen: schneller – langsamer, klüger – dümmer, schöner – hässlicher …

Beziehungen können intensiv sein: Man sieht sich täglich, hat starke Erfahrungen miteinander, trägt große gemeinsame Verantwortung. Oder auch lose: Man begegnet sich zufällig dann und wann, lebt nebeneinander her, hält einander innerlich auf Distanz. Die gegenseitige Anziehung kann dabei auf unterschiedlichen Ebenen erfolgen: finanziell, emotional, sexuell, geistig …

Natürlich können wir Beziehungen nicht nur mit anderen Menschen eingehen. Auch zu Pflanzen, Haustieren oder Gegenständen lässt sich ein enges Band knüpfen, wie die Geschichte **„Böse Pizza"** zeigt. Ein klassisches Beispiel ist die starke Identifikation von Menschen mit ihrem Auto, die etwa nach einer Veranstaltung durch die Frage „Und wo stehst du?" zum Ausdruck kommt.

Beziehungen sind etwas Lebendiges und haben ihren eigenen Rhythmus. Sie erstarken (**„Tanz im Dunkel"**), bleiben eine Zeit und können auch wieder vergehen. Wer den Lauf der Dinge festhalten möchte, wird leiden (**„Das kalte Ende"**).

Wenn sich zwei Menschen zueinander hingezogen fühlen, gibt es zwei Grunddynamiken:

1. Gleich und Gleich gesellt sich gern.
2. Gegensätze ziehen sich an.

In Fall 1 haben beide Partner ähnliche Charaktereigenschaften und Visionen. Der eine spiegelt die Identität des anderen und verstärkt sie dadurch. Wenn es sich um Eigenschaften handelt, die als positiv erlebt werden, gestaltet sich das gemeinsame Leben angenehm harmonisch. Die Wünsche der beiden Partner decken sich in weiten Gebieten und man zieht an einem Strang.

Sind die Ähnlichkeiten jedoch vor allem in den ungewollten Teilen der Persönlichkeit zu finden, im sogenannten Schatten, wird jeder der beiden Partner sich selbst im anderen bekämpfen. Den Splitter im Auge des anderen sehen, nicht den Balken im eigenen Auge.

Wenn sich sehr unterschiedliche Menschen zueinander hingezogen fühlen (wie in Fall 2), wird die Beziehung dynamisch und voller Spannungen sein. Bringt jeder der beiden dem anderen Wertschätzung entgegen, läuft die Beziehung gut. Die Partnerin oder der Partner fühlt sich durch den anderen vollständiger und hat die Chance, neue Lebensaspekte kennenzulernen und zu integrieren. Wird aus dem „Sowohl-als-auch" jedoch ein „Entweder-oder", fühlt sich zumindest ein Partner infrage gestellt und in seinem oder ihrem Ausdruck behindert. Wenn einer den anderen um etwas beneidet, so handelt es sich oft um Potenziale, die er oder sie in sich selbst noch nicht sehen kann. Um Entwicklungsmöglichkeiten, die entdeckt und genützt werden wollen.

Wo zwei sich zusammentun, entsteht oft etwas Drittes. Sei es auf der biologischen Ebene ein gemeinsames Kind, ein kreatives Projekt oder sonst etwas Neues („1 + 1 = 3"). Manche Beziehungen helfen dabei, das eigene Ich zu stärken und persönlich zu reifen. Andere verleiten dazu, sich gehen zu lassen oder die eigenen Wünsche gegenüber einem dominanten Partner aufzugeben. Unsere grundlegende Beziehungskultur lernen wir schon im Elternhaus bzw. in der frühesten Umgebung. Jeder entwickelt seine eigenen Strategien und Rollen, um an Zuwendung zu gelangen, und im Erwachsenenleben fallen wir spätestens in Stresssituationen in diese alten Muster zurück. Gerade für Eltern ist es daher besonders wichtig, aufmerksam zu sein, welche Rollen sie ihren Kindern im Familiengefüge übertragen (**„Don Juan auf der Parkbank"**). Nach dem bekannten dänischen Familientherapeuten Jesper Juul sind für Umgangston und Atmosphäre zu Hause immer die Erwachsenen verantwortlich – nicht die Kinder.

Obwohl sich fast alle Menschen nach einer erfüllten Beziehung sehnen, leben immer weniger Menschen in einer Ehe oder festen Partnerschaft. In unseren Breiten geht die Quote der Singlehaushalte gegen 50 %. Gründe dafür liegen im stark ausgeprägten Individualismus, aber auch in den wirtschaftlichen Möglichkeiten unserer Zeit. Viele können es sich heute leisten, alleine zu wohnen, und ersparen sich so Reibungsflächen mit anderen Menschen. Andererseits zeigen Studien, dass das Risiko, an einer Depression zu erkranken, bei Alleinstehenden signifikant höher ist als bei Menschen, die in einer Familie oder einer anderen sozialen Gruppe leben.

Persönliche Freiheitsbedürfnisse und ein gemeinsames Leben scheinen manchmal schier unlösbare Gegensätze zu sein. Doch die gegenseitige Liebe und Wertschätzung können entstehende Konflikte immer wieder versöhnen (**„Eine wunderbare Idee"**). Der österreichische Dichter Ernst Ferstl meinte dazu: „Eine enge Beziehung braucht zwei weite Herzen."

3.
Macht und Wille

Sonne, Vögel und Beethoven

Raimund Werner war schon in der Schule aufgefallen. Seine Augen blickten ungewöhnlich wach und er war schnell von Begriff. Die Lehrer hatten ihre liebe Mühe, ihn genug zu fordern. Nach der Matura studierte er Medizin in Rekordzeit und wurde Kinderarzt. In der Freizeit ging Raimund Werner mit den CliniClowns in die umliegenden Spitäler, um seine kleinen Patienten aufzuheitern. Doch oft trieb es ihn auch weiter fort. Während einer langen Reise durch Asien bedrückten ihn die entsetzlichen Hygienezustände in ländlichen Gebieten. Spontan beschloss er zu bleiben. Zu tun, was er konnte, um die medizinische Versorgung menschenwürdiger zu gestalten. Mit seiner unkonventionellen Art und großem Engagement verstand er es, innerhalb kürzester Zeit eine Menge Mitarbeiter zu gewinnen. In Asien, aber auch in seinem Heimatland. Reiche Freunde bekamen durch ihn die Chance, nicht nur wohlhabend, sondern auch wohltätig zu werden.

Sein Projekt war somit finanziell gut ausgestattet, doch für ihn persönlich nicht ohne Risiko. Einmal wäre er beinahe an einer Seuche verschieden. Doch er liebte dieses fremde Land: die Offenheit der Gesichter auf der Straße, die Gastfreundschaft von Menschen, die fast nichts besaßen. All dies gab ihm die Kraft, beharrlich seine Ziele zu verfolgen. In wenigen Jahren baute er vier Spitäler für die Ärmsten der Armen auf. Anfangs rein aus Spendengeldern, später beteiligte sich auch der Staat daran.

Dann veränderte sich etwas: Raimund Werner fühlte sich müde, sein Arbeitstempo verlangsamte sich, das Klima strengte ihn zusehends an. Er beschloss, nach Europa zurückzukehren, um sich untersuchen zu lassen. Ergebnis: ein Tumor in der rechten Gehirnhälfte, nicht operabel. Trotzdem ging es Raimund Werner gut, vielleicht sogar besser als je zuvor. Seine Mitarbeiter und Freunde hingegen waren entsetzt. Eine Welt stürzte für sie zusammen: Wo war der Mann geblieben, der so vielen Menschen geholfen hatte? Wer würde seine Projekte weiterführen? Raimund Werner wusste von all dem nichts mehr. Er verlor seine Erinnerung an Asien. Für ihn gab es nur das, was gerade geschah: Er ging spazieren. Er fütterte die Vögel. Er hörte Musik.

Dann ohne Sätze: Sonne, Vögel, Beethoven.

Dann ohne Worte:

Das Spiel von Gut und Böse

Ein ohrenbetäubender Lärm setzte ein. Wir klammerten uns an die Sessellehnen, hielten den Atem an. Rauch vernebelte uns die Sicht, doch wir ahnten, was gleich passieren würde: Er würde kommen. Da kam er! Schon sahen wir den spitzen Hut aus dem Nebel ragen, den langen Mantel und das grüne Gesicht. Die schneidende Stimme fuhr uns durch Mark und Bein: „Hehehe! Wo ist er? Diesmal kriege ich ihn!" Wie gebannt hingen wir an seinen Lippen, konnten nicht wegsehen. Was hatte der böse Zauberer vor? Er schleppte eine große Kiste auf die Waldlichtung. Groß genug, um ihn darin zu fangen. Ihn, für den wir alle gekommen waren. Unseren Helden. Den Einzigen, der es wagte, gegen die böse Macht aufzubegehren. Die Kiste hatte er verführerisch schön gestaltet, bunt und mit vielen Kristallen. Ganz klar, dass unser Held neugierig sein würde, was sich darin verbarg. Neugier war seine Schwäche, das wusste der böse Zauberer ganz genau. Als seine Falle fertig aufgebaut war, verschwand er.

Schon pfiff es fröhlich im Wald und unser Held kam des Weges. Wir mussten ihn unbedingt warnen. Schrien uns die Seele aus dem Leib: „Nein, nicht hineinschauen in die Kiste! Das ist eine Falle!" Am Anfang verstand er uns ständig falsch. Als hätte er Petersilie in den Ohren. Und wir mussten uns ganz schön ins Zeug legen. Manche von uns hielten es kaum aus, sprangen auf und wollten schon nach vorne zur Bühne laufen. Schließlich ließ er sich doch von uns überzeugen, dass der böse Zauberer etwas mit der Kiste im Schilde führte. Ein Gegenplan musste her. Wir wollten den Hexenmeister mit seinen eigenen Mitteln schlagen. Er selbst sollte in der Kiste landen, damit er einmal wüsste, wie das war! Unser Held hatte dazu die rettende Idee: Er holte einen frisch gebackenen Kuchen, der so köstlich roch, dass auch uns das Wasser im Munde zusammenlief. Den versteckte er in der Kiste. Der Zauberer war nämlich gierig, das wussten alle. Er würde den Kuchen haben wollen. Schon lachten wir uns siegessicher ins Fäustchen.

Wieder ertönte der schreckliche Lärm. Ja, wir hatten uns nicht geirrt, der Zauberer ließ sich vom Kuchenduft anlocken wie die Fliegen von der Marmelade. Er steckte seine große, krumme Nase in die Kiste und unser Held gab ihm im rechten Moment einen Stoß. Gefangen! In seiner eigenen Falle. Wir jubelten! Und hatten wieder einmal erlebt, dass sich die Macht des Bösen brechen lässt. Wenn auch nur für kurze Zeit. Schließlich wollten wir schon bald ein neues Abenteuer mit dem Kasperl erleben.

Die Macht
im Hause Bernstein

Die Macht im Hause Bernstein lag beim Vater, einem erfolgreichen Geschäftsmann. Das sah man auf den ersten Blick: die imposante Zufahrt zur Villa, die massive Eingangstüre, moderne, abstrakte Kunst im Entree – Herr Bernstein kannte den Künstler persönlich. Ein Esstisch, an dem sich auch eine größere Gesellschaft zusammenfinden konnte. Zwei außergewöhnliche Kästen im Wohnbereich – der Hausherr hatte sie höchstpersönlich von einer Fernreise mitgebracht. Antikes chinesisches Kunsthandwerk. Heutzutage kommt man an so etwas ja gar nicht mehr heran. Neben den Kästen das neueste technische Equipment, alles vernetzt.

Die Macht im Hause Bernstein lag bei der Mutter. Das bemerkte man erst nach einer gewissen Zeit. Frau Bernstein hatte in dem Haus keinen eigenen Raum. Es gab nicht einmal eine kleine Ecke, die sie nach eigenen Wünschen gestaltet hatte. Sie fühlte sich unwohl im Haus, das Wohnzimmer konnte sie am wenigsten leiden. Das lag an den beiden Kästen ihres Mannes, sie nahmen ihr den Atem. Deswegen vermied sie es, das Wohnzimmer überhaupt zu betreten. Außer natürlich, wenn Gäste da waren. Doch das kam nicht mehr vor, seit Frau Bernstein auch tagsüber im Bett lag. Ihre Depression legte sich wie ein bleierner Mantel über das ganze Familienleben. Die Hilfsangebote ihres Mannes ließen sie kalt.

Die Macht im Hause Bernstein lag bei der Tochter. Sie war als gemeinsamer Nenner der Ehe von Frau und Herrn Bernstein übrig geblieben. Nachdem sich die Mutter dem

Vater verweigerte, war die Tochter sein ganzer Stolz. Daher durfte sie auch das größte Zimmer des Hauses beziehen. Obwohl sie erst sieben Jahre alt war, gewährte er ihr bei der Einrichtung völlig freie Hand. „Ein kleiner Palast für unsere Prinzessin", pflegte der Vater augenzwinkernd zu sagen. „Ja, sie weiß einfach, was sie will." Und das bekam sie dann auch.

Die Macht im Hause Bernstein lag beim Sohn. Die Mutter hatte ihn aus einer früheren Beziehung mit in die Ehe gebracht. Der Sohn machte von Anfang an nur Schwierigkeiten. In der Schule war er faul, musste eine Klasse wiederholen und brach schließlich ab. Herr Bernstein ließ all seine Kontakte spielen und verschaffte ihm eine gute Lehrstelle. Doch diese Chance nützte er auch nicht – eine große Enttäuschung. Lieber saß der Sohn zu Hause, in seinem abgedunkelten Zimmer am Ende des Flurs. Dort spielte er stundenlang am Computer. Was konnten die anderen schon tun? Ohnmächtig mussten sie zusehen, wie er sein Leben vergeudete.

Die Macht im Hause Bernstein hatte die Katze. Dank der Klappe in der Kellertüre ging sie ein und aus, wann immer sie es wollte. Die Konflikte der Erwachsenen waren ihr schnurzpiepegal. Wenn sie Streicheleinheiten brauchte, holte sie sich diese bei jener Person, die ihr gerade über den Weg lief. Wichtig: Der Futternapf war stets sauber und gut gefüllt. Und das bisschen Abenteuer, das eine Katze bei Laune hält, lieferten die Mäuse im Garten.

Der Zweck heiligt die Mittel

Anne und Sue kannten sich schon vom Medizinstudium. Beide schafften den Sprung in eines der besten Labors des Landes. Sie arbeiteten in der Krebsforschung, waren nah dran, ein neues Medikament zu entwickeln. Neben Anne und Sue gab es dreißig weitere Mitarbeiter, und natürlich die Getesteten: viele weiße Mäuse in kleinen Käfigen. Jene mit winzigen Tumoren und solche, die durch ihre Beulen und Wucherungen wie kleine Ungeheuer aussahen. Die Arbeit fand unter strengsten Hygienevorschriften statt. Alle Mitarbeiter mussten Hauben, Mäntel und Mundschutz tragen. Keimfreiheit war höchstes Gebot, um verwertbare Ergebnisse zu erzielen.

Früher war Anne mit Sue öfters im Theater gewesen. Oder Sue hatte für Anne gekocht. Jetzt war jede freie Minute für das Labor reserviert. Welchem Mitarbeiter würde der Durchbruch als Erstes gelingen? Anne und Sue arbeiteten daran wie die Besessenen. Beide sahen sich bereits auf der Zielgeraden.

Eines Tages kam der Institutsleiter höchstpersönlich ins Labor. Man hatte Verunreinigungen in Annes Zellkulturen gefunden. Spuren von Hefepilzen. Das sollte nicht noch einmal vorkommen. Ihre Versuchsreihe wäre schleunigst zu vernichten, sonst würden sich noch andere anstecken. Nicht auszudenken, was das für ein Verlust für das ganze Labor wäre! Finanziell und überhaupt. Anne brach zusammen. Gelobte, ab jetzt noch vorsichtiger zu sein. Entsorgte die Zellkulturen, an denen sie so lange gearbeitet hatte, und desinfizierte den Brutschrank. Dann begann sie von Neuem.

Vier Wochen später rief der Institutsleiter Anne in sein Büro. Wieder waren Hefepilze in ihrem Brutschrank aufgetreten. Er wolle ihr nicht zu nahe treten, sagte er, trotzdem müsse er es verlangen. Die Sache mit den Pilzen – sie solle sich schleunigst medizinisch durchchecken lassen. Sue und die anderen Mitarbeiter bedauerten Anne. Die Arme, so ein Stress! Sue riet ihr, doch probehalber einmal den Brutschrank von Max zu verwenden, der gerade auf Urlaub war. Vielleicht lag es ja an dem Gerät.

Wieder waren Hefepilze in Annes Forschung aufgetreten, diesmal im Brutschrank von Max. Langsam infizierte sich das ganze Labor damit. Anne war am Boden zerstört. Ihre wissenschaftliche Karriere schien am Ende zu sein. Erneut zitierte sie der Institutsleiter in sein Büro. Es wurde ein ernstes Gespräch. Von der vormals selbstsicheren jungen Frau war bloß ein Häufchen Elend übrig geblieben. Sie solle das Labor wechseln, legte ihr der Institutsleiter nahe. Und vielleicht in einen anderen Bundesstaat ziehen.

Anne machte einen letzten Versuch. Legte eine neue, saubere Zellkultur an und installierte eine Kamera. Genau gegenüber ihrem Brutschrank. Davon erzählte sie niemandem. Am nächsten Tag sah sie sich das Video an. Tatsächlich, in der Dunkelheit hantierte eine Gestalt an ihrem Brutschrank. Zuerst sah sie nur den Rücken, dann erkannte sie Sue.

Party der Charaktere

Hannes ist der Gastgeber. Seit seiner Scheidung fühlt sich das Haus so leer an. Daher kam ihm die Idee, ein Fest zu organisieren. Auch sein Psychiater fand den Einfall gut.

Heike ist der erste Gast. Sie sucht sich ein Plätzchen am Rand des Raumes neben einer Zimmerpflanze. Schlägt die Beine übereinander. Nein, trinken möchte sie nichts.

Gudrun hat immer Angst, zu spät zu kommen. Sie war schon vor einer halben Stunde gegenüber dem Eingang auf der anderen Straßenseite. Will aber auch nicht zu früh sein. Als Heike durch die Türe geht, zählt sie bis hundertfünfzig und klingelt dann selbst.

Fabian kommt. Wo Fabian ist, kann Beate nicht weit sein. Sie sind wie siamesische Zwillinge und reden von sich immer in der „Wir"-Form. Beide sind sehr froh, endlich ihren Seelenpartner gefunden zu haben, und lassen das auch die anderen wissen.

Es klingelt Sturm, Katharina ist da mit ihren drei Kindern. Eigentlich ist es für die Kleinen schon zu spät. Doch Katharina kann sich keinen Babysitter leisten. Sie hofft, dass beim Buffet auch etwas für ihre Kinder dabei ist.

Ein blitzblauer Sportwagen fährt vor. Daraus entsteigen eine große Sonnenbrille, ein Maßanzug und das Gastgeschenk. Ein *Pétrus* aus Bordeaux, gut abgelagert. Dazwischen ist Uwe. Seine Schuhe klappern beim Gehen.

Weil Uwe jetzt da ist, eröffnet Hannes das Buffet. Ein Brotkorb und die Schale mit den Gurkenscheiben sind schon leer. Die Kinder haben damit am Sofa ein Lager angelegt und spielen Schiffbrüchige am Meer. Gudrun verzieht missbilligend die Augenbrauen. Vergewissert sich mit einem raschen Seitenblick, dass niemand ihren Gefühlsausbruch beobachtet hat.

Fabian und Beate nehmen sich bereitwillig der Kinder an: „Na, wie geht es euch in der Schule?" Die beiden zeigen einander gegenseitig, wie gerne sie Kinder mögen – miteinander gehabt hätten, dennoch hat es nicht geklappt.

Uwe verwickelt den Gastgeber in ein Gespräch über edle Weine. Er sieht sich als Sommelier und möchte das gerne von ihm bestätigt bekommen. Derweil blickt sich Hannes verstohlen nach Heike um. Sie hat von dem Platz neben der Zimmerpflanze in die Bibliothek gewechselt. Blättert dort in einem Buch. Hannes wird es warm ums Herz. Er findet, dass Menschen nicht zum Alleinsein geschaffen sind.

Walter platzt bei der Türe hinein. Die Verspätung ist nicht seine Schuld: Zuerst ist der Bus nicht gekommen und dann ist ihm auch noch die Straßenbahn vor der Nase davongefahren. Er wirft seine Jacke über die Ablage und geht zielstrebig zum Buffet.

In einer Ecke wickelt Katharina das Baby. Gudrun überwindet sich, geht hin und bietet ihre Mithilfe an. Erstaunt bemerkt sie, dass es stinkt und Speck an den Beinen hat wie ein Sumoringer. Dankbar drückt Katharina ihr das frisch gewickelte Baby in die Hand. Das ist ihre Chance, noch an etwas Essbares vom Buffet zu gelangen.

Gudrun betrachtet versonnen das zarte Wesen in ihren Armen. Mit frischer Windel riecht es viel besser.

Nach Marille, findet Gudrun. Uwe unterbricht sein Gespräch über Wein und sieht zu der Frau mit dem Kind hinüber. Etwas regt sich in ihm, etwas Tiefgründiges, Archaisches. Ob es auch für ihn an der Zeit wäre, eine Familie zu gründen?

Katharina und Walter stehen beim Buffet. Beide konzentrieren sich auf die Nahrungsaufnahme. Halten nur kurz inne, als der Gastgeber seine Rede hält. Hannes dankt allen fürs Kommen und macht ein paar Erinnerungsfotos. Cheese! Er freut sich schon, diese das nächste Mal mit seinem Psychiater anzuschauen.

Die Lektion mit der Mauer

Viele von uns gingen in jener Zeit nach Indien. Wir kehrten der westlichen Gesellschaft den Rücken zu, um jenseits von Konsum, Karriere und Geld nach dem Lebenssinn zu suchen. Indien – das Land der langen Bärte, orangen Mönchsroben und geheimnisvollen Fakire – es faszinierte uns. Hier wollten wir unserer wahren Bestimmung näherkommen: der Erleuchtung.

Ich wohnte zusammen mit Govinda und Suresha im selben Ashram, einem spirituellen Zentrum. Govinda stammte aus dem Ruhrgebiet und hieß ursprünglich Peter Reimoser. Das Anthropologiestudium war ihm zu abstrakt gewesen, er wollte lieber eigene Erfahrungen in einem fremden Kulturkreis sammeln. Suresha, ein stämmiger Kerl aus Berlin, hieß im ersten Leben Jürgen Pölzl. Er hätte die Steuerprüfungskanzlei seines Vaters übernehmen sollen. Doch am Tag vor der Übergabe hatte er sich kurzerhand nach Indien aus dem Staub gemacht. Mit der vegetarischen Kost im Ashram hatte Suresha seine Probleme. Selbst in der größten Mittagshitze träumte er von Currywurst mit Fritten.

Unser Tag im Ashram begann um vier Uhr morgens mit einer zweistündigen Meditation. Nach dem Frühstück wurden uns im Büro die Aufgaben zugeteilt: putzen, Essen kochen, Krankenpflege, Internes … Bei der Arbeit legten wir Deutschen uns richtig ins Zeug. Schließlich wollten wir unser Ziel möglichst bald erreichen: schlechtes Karma abbauen und Erleuchtung erlangen. Faulsein und Trägheit hatten bei uns keine Chance. Es ging schließlich um eine höhere Sache. Um weiterzukommen, mussten wir – salopp gesprochen – zuerst unser Ego mit all seinen niedrigen Bedürfnissen killen. Das kann viel Mühe machen, doch was tut man nicht alles für ewige Glückseligkeit, völlige Geistesruhe, Samadhi?

Unsere Aufgaben beschäftigten uns bis zum Abendessen. Dann unterrichtete uns der Meister in den traditionellen Weisheitslehren. Wir stellten Fragen und tauchten in seine heilige Präsenz ein. Am nächsten Tag ging die Arbeit von vorne los. Ich übertreibe nicht, wenn ich behaupte, dass mit uns Deutschen wirklich etwas weiterging in diesem Ashram. In nur drei Monaten schafften wir es, die Bürostruktur komplett neu zu organisieren. Alles lief wie am Schnürchen.

Dann passierte der Vorfall mit der Mauer: Der Meister wollte, dass wir an der Grenze des Ashrams eine dreihundert Meter lange Steinwand errichten. Die Tage waren heiß und die Sonne brannte unbarmherzig auf unsere Köpfe. Jeder Stein erschien uns schwerer als der vorangegangene. Viele indische Schüler lagen schon längst im Schatten und machten Siesta. Doch Govinda, Suresha und ich wollten keine Zeit verlieren. Auch wenn uns der Schweiß über das Gesicht lief und in den Augen brannte – wir hielten eisern durch. Rangen unseren inneren Schweinehund nieder. Gutes Karma gibt es eben nicht gratis!

Als die Mauer endlich fertig war, führten wir sie stolz unserem Meister vor. Er nahm sich viel Zeit und besah sich alle Details: das solide Fundament, der exakte Aufbau. Eine wunderschöne Trockenmauer, meinte er. Und als Nächstes sollten wir die Mauer wieder abtragen und einen Meter weiter rechts neu aufbauen. Wir sahen uns an, glaubten zunächst an ein Übersetzungsproblem. Das konnte doch nicht wahr sein!

Govinda und Suresha verloren völlig die Nerven. Für so einen Unsinn hätten sie die weite Strecke von Europa nicht kommen müssen! Sie sagten noch andere Dinge, die ich hier lieber nicht wiedergeben möchte. Wahrscheinlich spielte die lang entbehrte Currywurst auch eine Rolle. Jedenfalls packten sie noch am selben Tag ihre Sachen und flogen nach Hause zurück. Wurden wieder Peter Reimoser und Jürgen Pölzl. Auch ich musste den Auftritt des Meisters erst einmal verdauen. Stundenlang lehnte ich an unserer perfekten Mauer und hörte meinen Tinnitus im Ohr klingeln. Vermischt mit dem Gesang der Zikaden.

Am nächsten Tag begann unser Trupp mit dem Abriss der Mauer. Doch ich war klüger geworden und folgte dem Beispiel der Inder: Jeder Stein wurde sorgfältig aufgehoben, zum neuen Ort getragen und im Schneckentempo abgelegt. Dazwischen atmete ich einfach nur und dachte an nichts. Kein Gedanke an die Zukunft. Kein Ziel. Das war ein völlig neues Gefühl für mich! Mit der Zeit machte mich diese Gedankenlosigkeit richtig beschwingt. Ich fühlte mich so leicht – da ging mir ein Licht auf: Der Meister hatte uns eine entscheidende Lektion erteilt und wir übersahen sie einfach. Ausatmen, einatmen, hier sein – darum ging es! Pech für Suresha und Govinda, dass sie schon aus dem Rennen ausgeschieden waren. Doch ich war noch da und fühlte mich praktisch im Zieleinlauf zur Erleuchtung.

Was soll ich sagen? – Nach zwei weiteren Wochen des Steineschleppens sah ich die ganze Geschichte etwas nüchterner. Atmen und ganz im Augenblick sein, das konnte ich genauso gut zu Hause üben. Und dort hatte es nicht 45 Grad im Schatten. Also packte ich meine Sachen und setzte mich in den nächsten Flieger. Daheim trat ich wieder meine Stelle als Optikerin an: einatmen, Brille anpassen, ausatmen.

Nachricht von Ziggy

Hallo Horst,

ich weiß, dass ich mich lange nicht gemeldet habe. Seit ich hier drinnen bin, habe ich immer wieder an dich gedacht, Bruderherz. An dich, Emilie und den Kleinen. Und habe mich geschämt. Das machte mich nur noch wütender, weil ich mich so ohnmächtig fühlte. Hinter all den Zäunen und Mauern. Doch meine Welt hat sich sehr verbessert.

Ich fange am besten am Anfang an: Es war November vor zwei Jahren und mir war wieder mal äußerst langweilig. Am Weg zur Kantine las ich auf der Pinnwand eine Einladung für Zen-Meditation. Ein gefundenes Fressen für mich, um ein bisschen Aufruhr zu machen. Abwechslung in meinen tristen Alltag zu bringen.

Wir waren etwa zwanzig Leute unten im Bewegungsraum. Ein kleiner, dünner Mann mit brauner Mönchskutte erwartete uns schon, saß mit gekreuzten Beinen auf einer Turnmatte. Zuerst erklärte er die Spielregeln: Wir sollten still sitzen und unseren Atem beobachten. Dabei die Gedanken wie einen Fluss vorbeiziehen lassen. Nach zwanzig Minuten werde er die Sitzung mit dem Ton seiner Klangschale beenden. Joe grinste mich an: ein perfektes Opfer! Lässig warfen wir uns auf die Matten. Nach fünf Minuten Stille ließ ich einen Bombenfurz fahren. Allgemeines Gelächter. Der Mönch saß weiterhin mit unbewegtem Gesicht da. Nachdem sich alles beruhigt hatte, fing ich laut zu schmatzen an. Einige von uns kicherten. Plötzlich traf mich ein Schlag auf der Schulter. Mann, ich war völlig unvorbereitet! Ich weiß nicht, wie der Mönch es geschafft hatte, lautlos hinter meinen Rücken zu schleichen. Von dort verpasste er mir diesen Hieb mit seinem Rohrstäbchen. Joe sprang auf, um mir zu helfen, doch seine Füße rutschten weg. Da waren wir völlig aus dem Konzept geraten. Auch die anderen Männer sahen mich unsicher an. Nur der Mönch blieb ruhig und sagte: „Das Stäbchen ist mein Zaubermittel, um unruhige Geister zu bändigen." Angeblich eine uralte Zen-Tradition. Dieser Gauner!

Jedenfalls war ich angefressen. Der Zwerg hatte mich vor den anderen blamiert, das konnte ich nicht auf mir sitzen lassen. In der nächsten Woche ging ich wieder hin, um es ihm so richtig heimzuzahlen. Weil uns der Mönch ein striktes Drogenverbot eingebläut hatte, nahm ich mir in der Hosentasche einen Joint von Mario mit. Als alles still wurde, ließ ich mein Feuerzeug klicken. Zuerst angespannte Stimmung im Raum, dann leises Prusten. Ich inhalierte genüsslich einen tiefen Zug und ließ dabei den Mönch nicht aus den Augen. Diesmal würde er mich nicht überraschen. Doch was soll ich sagen? Der Kerl sprang aus dem Sitzen auf, blitzschnell wie eine Katze, und drückte mir den ganzen Ofen in den Mund hinein. Klar verbrannte ich mir dabei das Maul. Musste husten. Mann, wie peinlich! Fluchtartig verließ ich den Raum.

Die ganze Sache ließ mir keine Ruhe. In der Woche darauf saßen Joe und ich als Erste im Raum. Wir hatten verabredet, dem Zwerg gemeinsam eine Abreibung zu verpassen. Als er den Raum betrat und uns den Rücken zuwandte, griffen wir ihn an. Stell dir dieses Bild vor: Der große Joe – Mann, der wiegt fast hundertvierzig Kilo – flog in die Ecke wie ein Sack Mehl. Schon hatte das kleine Männchen mich im Schwitzkasten. Drückte zu, dass mir die Luft ausging. Und dann sah ich es direkt vor meinen Augen: unser Erkennungszeichen. Die drei tätowierten Knastpunkte zwischen seinem Daumen und Zeigefinger. Du weißt schon: Nichts sehen, nichts hören, nichts sagen! Der kleine Mönch war einer von uns! Mir blieb die Spucke weg. Dann ließ er mich wieder los und wir sahen uns an. Ein langer, ruhiger Blick. Ein Blick auf gleicher Augenhöhe. Noch nie habe ich mich zuvor von jemandem so verstanden gefühlt. Bis in die Tiefe meiner rabenschwarzen Seele.

Von dem Tag an veränderte sich mein ganzes Leben. Du weißt, dass ich alles erreichen kann, wenn ich es nur will. Und dieser Mönch faszinierte mich. Ich wollte alles von ihm lernen und wurde sein eifrigster Schüler. Jeden Tag meditierte ich. Wenn mich meine Aggressionen wiedermal überfluteten, dann ließ ich sie nicht mehr an den neuen los. Stattdessen ging ich in meine Zelle und meditierte. Dafür hatte ich eigens eine Einzelzelle beantragt. Und wenn ich es an einem Tag nicht schaffe, zur Ruhe zu kommen, nehme ich mir unten im Keller die Gewichte vor. Auch dabei kann ich meine Gedanken wunderbar zähmen.

Der kleine Mönch gibt mir nicht nur Unterricht in Zen, sondern auch in Aikido, einer japanischen Kampfkunst. Seither habe ich viel weniger Schiss vor meinen Mithäftlingen. War mir früher gar nicht bewusst, wie viel Angst ich eigentlich hatte. Der Mönch ist stolz auf mich. Und jetzt kommt der Hammer: Er muss in zwei Monaten wieder zurück in sein Kloster und hat mir die Aufgabe übertragen, die Meditation in seiner Abwesenheit weiterzuführen. Damit mir das leichterfällt, lässt er mir seine braune Kutte als Leihgabe da. Nur ein Stück Stoff, könnte man sagen. Doch ich habe sie mir über mein Bett gepinnt.

Komm mich doch mal besuchen, Bruderherz. Sag Emilie, dass es mir leidtut. Vielleicht mag sie ja mitkommen? Ich würde unseren Kleinen so gerne mal sehen. Er müsste jetzt doch schon in die Schule gehen.

Dein Ziggy

Allgemeines zu Macht und Wille

„Der Wille versetzt Berge", sagt der Volksmund. Er ist ein Antrieb zum Handeln. Er dient dem Selbsterhalt und der Entwicklung unserer Persönlichkeit. Wir brauchen Willenskraft, um entschlossen und mit Ausdauer jene Ziele umzusetzen, die uns wichtig sind. Uns weder von äußeren noch von inneren Hindernissen davon abhalten zu lassen. (Innere Widerstände wären zum Beispiel Bequemlichkeit oder Konfliktscheue.) Besitzen wir eine starke Willenskraft, so fällt es uns leichter auszuwählen, welchen inneren Impulsen wir folgen wollen und welchen nicht. Wir sind demnach nicht jeder Versuchung blindlings ausgeliefert (Essen, Drogen, Medienkonsum, Sex usw.). Die Lust auf Vergnügen einerseits und das Erfüllen von Verpflichtungen auf der anderen Seite können bewusst dosiert und ausgeglichen werden (**„Nachricht von Ziggy"**).

Im Zusammenleben mit anderen tendieren viele Menschen dazu, persönliche Wünsche zu verdrängen und sich anzupassen. Aus Angst vor Isolierung sind wir bereit, die Erwartungen der Gesellschaft zu übernehmen. Das geht so weit, dass wir glauben, es selbst so zu wollen. Bei uns im Westen stehen berufliche Karriere und Geld im Vordergrund. Und scheinbar alle möchten dorthin – auch wenn dabei langfristig Freizeit, Gesundheit und soziale Beziehungen auf der Strecke bleiben. Für ein erfülltes Leben sind wir demnach aufgefordert, die eigenen Ziele immer wieder zu hinterfragen und die Motivation, die dahintersteckt. Auch die Art und Weise, wie wir diese erreichen möchten, muss unseren Möglichkeiten angemessen sein – um nicht zum Sklaven des eigenen Willens zu werden.

Menschen mit einer starken Willenskraft sind in unserer Gesellschaft oft sehr erfolgreich. Sie sind zielfokussiert und können auch andere dazu motivieren, sich ihrer Sache anzuschließen. Dadurch wächst ihr Erfolg, was wiederum ihr Selbstbewusstsein stärkt. Sie erleben, dass sie die Macht haben, das auszuführen, was sie sich wünschen. Das Wort „Macht" leitet sich vom indogermanischen *mag(h)* ab, was so viel bedeutet wie „machen, formen". Wer die Macht hat, kann etwas machen, hat das Vermögen dazu. Daraus erwächst Charisma, eine magische Anziehung. Andere Menschen beginnen, diese Person als Vorbild anzusehen und den eigenen Willen dem Willen des anderen anzugleichen. Im positiven Fall ziehen somit alle an einem Strang und es können bahnbrechende Projekte umgesetzt werden. Projekte, für die es Mut, Weitblick und vielleicht auch Verzicht braucht (**„Sonne, Vögel und Beethoven"**).

Macht ohne Kontrolle kann leicht in Tyrannei kippen. In einem solchen Fall setzt der mächtige Führer seine Ansprüche über die Bedürfnisse anderer Beteiligter, ohne sich einer fairen Auseinandersetzung und Konsensfindung zu stellen. Um einer despotischen Herrschaft vorzubeugen, ist es sinnvoll, die Macht im Staat aufzusplitten (Gewaltenteilung in Legislative, Exekutive und Judikative). Trotzdem kann es zu Ungerechtigkeiten und Menschenrechtsverletzungen kommen. In diesem Fall sind die Bürger aufgefordert, zivilen Ungehorsam zu leisten. Dann verstoßen sie bewusst gegen jene ungerechten Vorgaben der Obrigkeit. In der christlichen Tradition erhält man hierfür Rückendeckung durch den Apostel Paulus: „Man muss Gott mehr gehorchen als den Menschen." (Röm. 13,1)

Ein großes Vorbild für gewaltfreien zivilen Widerstand ist der Inder Mahatma Gandhi, der 1930 mit seinem Salzmarsch das Monopol der britischen Kolonialherren brach. In unseren Breiten gibt es aus der nationalsozialistischen Diktatur viele Beispiele mutiger und charismatischer Menschen, die durch konsequentes Nichtzusammenarbeiten die Macht der Besatzer unterminierten. In der amerikanischen Bürgerrechtsbewegung waren es Vorbilder wie Rosa Parks oder Martin Luther King, die sich trotz hohen persönlichen Risikos für die Gleichberechtigung der Rassen einsetzten. David gegen Goliath, der schmächtige Harry Potter gegen den mächtigen Voldemort, die freche Pippi Langstrumpf gegen eine kleinkarierte Gesellschaft ... Wir lieben Sagen und Geschichten, die uns dazu ermutigen, gegen Ungerechtigkeit aufzubegehren (**„Das Spiel von Gut und Böse"**).

Eine etwas verstecktere Form systematischen Machtmissbrauchs ist das Mobbing. Von Mobbing spricht man, wenn eine Person regelmäßig von Kollegen schikaniert und in ihrer Würde verletzt wird. Meist weicht der Angegriffene in irgendeiner Weise von der Norm ab (durch sein Aussehen, seine Herkunft oder bestimmte Verhaltensweisen). Die feindseligen Handlungen zeigen sich auf der verbalen Ebene, durch physische und sexuelle Gewalt oder durch die Verweigerung von sozialem Kontakt. Ziel ist es, die gemobbte Person zu erniedrigen und letztlich aus der Gruppe auszuschließen (**„Der Zweck heiligt die Mittel"**).

In vielen Studien wurde versucht, ein typisches Täterprofil herauszuarbeiten. Letztlich steht hinter dem aggressiven Verhalten meist das Gefühl, selbst ohnmächtig und bedroht zu sein. Eine Mischung aus Angst, Neid oder auch falsch verstandenem Ehrgeiz. Mobbing wird zur Überlebensstrategie des Täters, um sich wieder mächtig fühlen zu können. Glücklicherweise ist Mobbing heutzutage kein Tabuthema mehr. Ob an Schulen oder am Arbeitsplatz: Betroffene finden Unterstützung bei dafür eingerichteten Stellen (Betriebsrat, Vertrauenslehrer) sowie bei guten Kollegen und im Freundeskreis.

Eng mit dem Thema Wille und Macht verbunden ist der Begriff des „Ego". Er wird einerseits für das Ich einer Person verwendet: „Ich bin mir meiner selbst gewahr." Andererseits bezeichnet er umgangssprachlich eine Person mit übersteigertem Selbstwertgefühl: „Er hat ein großes Ego." Als Egoist wird jemand bezeichnet, der sich mehr nimmt, als er anderen zugesteht. Er versucht Situationen rücksichtslos zum eigenen Vorteil auszunützen. So betrachtet ist unsere westliche Gesellschaft insgesamt als egoistisch zu benennen, da wir unseren ökologischen Fußabdruck (Energie- und Materialverbrauch) keinesfalls auch den Afrikanern oder anderen ärmeren Völkern zugestehen wollen. Bei jedem Menschen ist das Ego, also die Ich-Kraft, unterschiedlich ausgeprägt (**„Party der Charaktere"**).

Das Gegenteil des Egoisten ist der Altruist, der seinem persönlichen Vorteil gar kein Augenmerk schenkt und daher oft ausgenützt wird. Wer genauer hinsieht, erkennt jedoch, dass jedem willentlichen menschlichen Handeln letztlich egoistische Ziele zugrunde liegen.

Durch das Dasein für andere gewinnt selbst der reine Altruist etwas für sich, beispielsweise Freude und ein sinnerfülltes Leben. Schopenhauer schrieb dazu: „Die Haupt- und Grundtriebfeder im Menschen wie im Tiere ist der Egoismus, d. h. der Drang zum Dasein und Wohlsein."[4] Auch wenn der eigene Wille zur Gänze zurückgenommen wird und jemand versucht, gar keinen Raum einzunehmen, kann dies ein Machtspiel sein (**„Die Macht im Hause Bernstein"**).

In vielen spirituellen Traditionen geht es darum, das Ego zu „klären" und sich von egoistischen Wesenszügen zu befreien, etwa im Buddhismus und Hinduismus. Auch im Christentum gibt es das Gebet: „Herr, nicht mein Wille, sondern dein Wille geschehe!" Wer jedoch jegliche egoistische Ader in sich selbst ausrotten und sein Ego willentlich „auflösen" möchte, begibt sich in einen Teufelskreis. Denn Ego, Wille und Persönlichkeit haben dieselbe Wurzel. Im Extremfall kann es zu einer Persönlichkeitsspaltung kommen. Die in spirituellen Kreisen angestrebte Erleuchtung kann jedenfalls nicht mit dem Willen erreicht werden (**„Die Lektion mit der Mauer"**).

Ein interessantes Phänomen ist es, wenn sich die Empfindung eines persönlichen „Ich" auflöst. Stirbt dabei auch der Körper, nennen wir es Tod. Das ist etwas Alltägliches. Lebt der Körper hingegen weiter, so sprechen wir von „Erleuchtung". Es gibt kein erleuchtetes „Ich", weil mit dem Phänomen der Erleuchtung jegliche Trennung zwischen einem Ich und einem Du entfällt. Es gibt dann keine Abgrenzung mehr zwischen dem

---

4 Schopenhauer, Arthur: Die beiden Grundprobleme der Ethik von 1841. Preisschrift über die Grundlage der Moral.

Erleuchteten und der Welt. Willenskraft und Macht entstehen und drücken sich aus, ohne dass da jemand wäre, der darüber entscheidet oder etwas kontrollieren möchte.

Das bringt uns zur Frage, ob wir überhaupt willentlich Entscheidungen treffen können – ein heftig diskutiertes Thema in der langen Geistesgeschichte der Menschheit. Durch moderne Geräte kommen wir der Beantwortung ein Stück näher. Neurowissenschaftliche Experimente zeigen, dass bereits bevor wir eine bewusste Entscheidung treffen, Aktivität im betreffenden Gehirnareal gemessen werden kann. Ist der freie Wille somit eine Illusion? „Wir tun nicht, was wir wollen, sondern wir wollen, was wir tun", meint dazu Wolfgang Prinz, Direktor am Max-Planck-Institut für Neurowissenschaften in Leipzig.[5]

Für unser alltägliches Leben hat diese Erkenntnis jedoch kaum Auswirkungen. Denn wer etwas anstellt, wird für den entstandenen Schaden trotzdem zur Verantwortung gezogen werden müssen. Forschungsergebnisse hin oder her. Sonst wäre ein erbauliches Miteinander sehr schwierig. Und zur Würde des Menschen gehört es dazu, ihm einen freien Willen zuzusprechen. Auch wenn dieser vielleicht gar nicht persönlich ist und bereits entsteht, bevor wir ihn mit dem Verstand erfassen können.

---

[5] Hürter, Tobias: Können wir wirklich frei entscheiden?, ZEIT Wissen Nr. 6/2011, online unter: http://www.zeit.de/ zeit-wissen/2011/06/Entscheidungsfreiheit

4.

Mitgefühl

Die Rose am Weiher

Er hatte einen langen, beschwerlichen Weg hinter sich. Auf der Suche nach Liebe hatte er alles aufgegeben und seine Heimat verlassen. Jene Sehnsucht im Herzen trieb ihn von Ort zu Ort. Jeder Dame, die ihm begegnete, machte er den Hof. Und zog dann doch weiter, denn keine konnte seine Sehnsucht wirklich stillen. So vergingen die Jahre und sein Körper sah müde und abgemagert aus. Die Kleidung hing ihm wie Fetzen vom Leib. Zuletzt jagte ihn auch noch ein wilder Hund. Auf der Flucht gelangte er an einen Weiher und ließ sich dort erschöpft neben einem Rosenbusch nieder. Er konnte nicht mehr weiter, war mit seinen Kräften am Ende.

So saß er, bis es Nacht wurde. Langsam stieg der große runde Mond über dem Weiher empor und die stille Wasserfläche vor ihm glänzte so hell wie Eis. Lange schaute er über das Wasser, sah, wie sich die ganze Landschaft darin spiegelte. Dabei fassten seine Hände in den Blütenstand des Rosenstrauchs neben ihm. Purpurrot waren die Blütenblätter und sie fühlten sich so samtig an. Ihr lieblicher Duft stieg ihm in die Nase und etwas längst Vergessenes regte sich dabei in seinem Herzen. Er ließ ein Rosenblatt nach dem anderen in den Weiher gleiten. Sah zu, wie sie sanft auf der Wasseroberfläche schaukelten. Dann erkannte er sich selbst im Weiher. Sein Spiegelbild im Mondlicht, umkränzt von den Blüten der Rose.

Zuhause in zwei Versionen

1.

Der Vater kommt müde von der Arbeit heim. An der Eingangstüre stolpert er über die Puppe der Tochter.

Vater zur Mutter: „Was ist das für ein Saustall hier! Jedes Mal, wenn ich nach Hause komme, liegt das Kinderzeug im Weg."

Mutter zur Tochter: „Wie oft habe ich dir schon gesagt, dass du deine Sachen vom Eingang wegräumen sollst!"

Tochter zur Puppe: „Böse Puppe!"

2.

Der Vater kommt müde von der Arbeit heim. An der Eingangstüre stolpert er über die Puppe der Tochter.

Vater zur Puppe: „Huch, jetzt hast du mich erschreckt! Was machst denn du mitten auf der Landebahn?"

Vater zur Tochter: „Bitte bring sie in Sicherheit vor den vielen heranrollenden Schuhen."

Tochter zur Puppe: „Komm, Kleine, leg dich zu mir ins Bett. Da kann dir nichts passieren."

Das Gasthaus zur zerbrochenen Schale

Das Mädchen stolperte. Da rutschte ihm die Schale aus den Händen und zerschellte am Boden. Es war untröstlich. Die schöne Schale! Die Großmutter kam und sammelte alle Scherben auf. Säuberlich ordnete sie diese und setzte sie mit Fugenmasse wieder neu zusammen. Fehlende Teile ergänzte sie durch Tonsplitter aus der Werkstatt. Am Schluss färbte die Großmutter alle Fugen gold. Das Mädchen freute sich, die Schale war nun größer und schöner als zuvor.

Viele Jahre vergingen. Das Mädchen war zur Frau geworden und hatte selbst drei Kinder. Dann kam der schwarze Unglückstag. Ihre Familie fuhr zum Einkaufen, sie blieb einstweilen zu Hause. Warum der Lastwagenfahrer das Auto nicht gesehen hatte, konnte im Nachhinein niemand sagen. Fakt war: alle tot. Die Frau wollte nicht mehr weiterleben, ihr Herz zerbrach. Sie wusch sich nicht mehr. Sie kochte nichts mehr für sich. Sie räumte das Haus nicht mehr auf. Das ganze Anwesen verlotterte.

Eines Tages zersplitterte eine Sturmböe das Fenster in ihrer Küche. Der Boden war von Scherben übersät. Stundenlang blickte die Frau stumm auf das Desaster. Da kam ihr eine Erinnerung: an die Großmutter und die zerbrochene Schale. Sie suchte das Gefäß und fand es am Dachboden. Vorsichtig wischte sie den Staub ab, die vergoldeten Risse funkelten ihr im Dämmerlicht entgegen. Sie stellte die Schale in der Küche ab, ging ins Bad und wusch sich. Am nächsten Tag begann sie das Haus zu putzen, vom Keller bis zum Dachboden. Als sie damit fertig war, ging sie in die Küche und kochte ihr Lieblingsessen. Stück für Stück setzte sie so ihr Leben wieder zusammen. Doch wie sollte sie die fehlenden Teile ergänzen? Für ihre Kinder gab es keinen Ersatz.

Das Leben ging weiter, sie fand ihre Freude am Kochen wieder. Täglich drangen nun verführerische Düfte aus ihrer Küche. Eines Tages klopfte es an der Haustüre. Ein Wanderer fragte, ob die Gastwirtschaft bereits offen sei. Die Frau freute sich über die unverhoffte Gesellschaft und lud den Herrn zum Essen ein. Ihre gute Küche sprach sich wie ein Lauffeuer in der Gegend herum. Schon bald musste sie weitere Tische und Bänke in der Stube aufstellen, um alle Gäste bewirten zu können. Auch von weit her kamen die Besucher und ihr Haus füllte sich mit Geselligkeit und Kinderlachen. Sie nannte es das „Gasthaus zur zerbrochenen Schale".

Der Abt und sein Lieblingsschüler

Der Klang der Muschelhörner erstarb und die Brüder begannen wieder mit ihren Rezitationen. Brahm saß wie immer zu Füßen seines geliebten Abts. Heute würde etwas Wichtiges passieren, das wusste er. Dreimal hatte er den Abt schon um eine Unterweisung in der Kunst des Mitgefühls gebeten. Und wer dreimal fragt, bekommt immer eine Antwort. Brahm ließ seinen erregten Geist zur Ruhe kommen, hieß ihn einzutauchen in den endlosen Strom der Gesänge. Plötzlich drang lautes Gezeter durch die Eingangspforten der Halle. Ein Gehilfe eilte zum Abt, flüsternd wechselten sie ein paar Sätze. Dann erhob sich der Abt und sprach mit donnernder Stimme: „Jemand hat die Ersparnisse des Klosters gestohlen! Der Dieb ist mitten unter uns." Gemurmel schwoll an. Wer hatte wohl diese schreckliche Tat begangen? Alle Augen waren wie gebannt auf den Abt gerichtet. Langsam wandte sich dieser Brahm zu und sagte mit steinernem Gesicht: „Zieh deine Robe aus und verlasse das Kloster!" Zitternd erhob sich der Mönch. Er wusste nicht, wie ihm geschah. Mit gesenktem Haupt ging er zwischen den Reihen der anderen dem Ausgang entgegen. Er wollte sich erklären, wollte sagen, dass es sich um einen schrecklichen Irrtum handeln müsse. Niemals hätte er, der Liebling des Abts und der Strebsamste all seiner Schüler, solch einen Diebstahl begangen! Doch keiner der Brüder sah ihn an. Keiner sagte ein freundliches Wort zu ihm.

In den nächsten Tagen hielt sich Brahm stets in der Nähe des Klosters auf. Er hoffte, einer der Mitbrüder würde durch das Tor kommen und ihm zurufen: „Tritt ein, alles hat sich aufgeklärt! Du gehörst wieder zu uns!" Doch es kam niemand. Beschämt machte sich Brahm zum Nachbarkloster auf, aber auch dort wurde ihm der Eintritt verweigert. Einen Dieb wollte keiner aufnehmen. Nachdem er einige Zeit ziellos und voller Selbstmitleid durchs Land gewandert war, fand er schließlich Arbeit bei einem Bauern.

Es vergingen einige Jahre. Weil Brahm ein guter Zuhörer war, suchten ihn immer mehr Menschen aus der Umgebung auf, um seinen Rat zu hören. Geduldig lauschte er ihren Anliegen. Meist fand er die Lösung eines Konflikts schon in ihren Worten verborgen. Er sah großes Leid und Ungerechtigkeit, auch Güte und Herzenswärme. Und er lernte, dass er den Menschen ihr Schicksal zumuten konnte. Dass sie an ihrem Schicksal wuchsen, selbst wenn es manchmal sehr hart wirkte. Er hatte es am eigenen Leib erfahren.

Brahm wurde im ganzen Land als Meister des Mitgefühls bekannt. Eines Tages fiel es ihm wie Schuppen von den Augen. Eilig machte er sich auf den Weg zum Kloster. Der Abt sah ihn kommen und ging ihm mit offenen Armen entgegen.

Die Alte vom Berg

Sie machte sich auf den langen, beschwerlichen Weg den Berg hinauf. Ganz oben in einer Hütte sollte eine weise Frau wohnen. Sie brauchte ganz dringend ihren Rat: Auf ihrer Familie schien ein Fluch zu liegen. Ein Kind war bereits gestorben, ein weiteres krank geworden. Und der Mann fand keine Arbeit.

Sie sah die Hütte schon von Weitem, die Alte saß auf der Bank davor. Mutig näherte sie sich Schritt für Schritt, bis sie direkt vor ihr stand. „Hilf mir", bat sie. „Ein Dämon lastet auf uns und verdirbt mir die Kinder." Die Alte war zahnlos und runzelig, ihre Augen sahen in die Ferne. Ob sie verstanden hatte? Da erhob sich die Alte und schlurfte in ihre Hütte. Sie kam mit einem Säckchen bunter Steine zurück. „Der ist für dich", krächzte sie. „Und der für deinen Mann." Sie legte die Kiesel am Boden nebeneinander. Dann nahm sie weitere Steine aus dem Beutel, für jedes Kind der Frau einen. Moment – das war doch einer zu viel! Ob es ein weiteres Kind gegeben habe, fragte die Alte. Schon wollte die Frau verneinen, doch da erinnerte sie sich. Ja, in jungen Jahren war sie bei einer Engelmacherin gewesen. Man hatte ihr gesagt, dass der Fötus nichts tauge. Das Kind wäre behindert gewesen. Diese Episode hatte sie beinahe vergessen. Die Alte legte den überzähligen Stein in die Mitte. Er funkelte bedrohlich. Jetzt verstand die Frau und wurde sehr traurig. Diesem Kind war sein Platz in der Familie verweigert worden. Sie wusste nicht einmal seinen Namen.

Vorsichtig hob die Frau den funkelnden Stein in ihre Hände. Aus der Nähe betrachtet war er gar nicht so bedrohlich. Eigentlich fand sie ihn wunderschön. Mit ihren Fingern fuhr sie die feinen Linien und Schattierungen ab. Eine Stelle war ausgeschlagen, eine andere glänzte wie ein Engelsflügel. Ob sie den Stein behalten dürfe, fragte sie. Die Alte war jedoch bereits wieder in der Hütte verschwunden. Sorgfältig steckte die Frau den Kiesel in ihre Jackentasche. Er fühlte sich lebendig an. Als sie den Berg hinunterstieg, wurde ihr ganz warm ums Herz. Sie hatte etwas Wesentliches wiedergefunden.

Vier Brüder

Eine schlimme Krankheit hatte die Eltern hinweggerafft, ihre vier Söhne blieben als Waisen zurück. Die Nachbarn erbarmten sich ihrer und teilten die Kinder unter sich auf.

Der erste Sohn kam zur Gattin des Bürgermeisters. Sein Schicksal bedrückte die gute Frau, daher wollte sie ihm in Hinkunft möglichst viele Glücksmomente schenken. Sie kaufte ihm die teuersten Speisen und las ihm jeden Wunsch von den Augen ab. Mit der Zeit wurde der erste Sohn träge und überheblich.

Der zweite kam zur Frau des Pastors. Sie empfand sein Schicksal als grausam und gelobte, ihn ab jetzt vor allem Schlimmen zu bewahren. Ängstlich überwachte sie jeden seiner Schritte, damit ihm nur ja nichts zustieß. Mit der Zeit verlernte der zweite Sohn, sich selbst etwas zuzutrauen.

Der dritte kam ins Haus des Lehrers. Er wollte dem Jungen helfen, seine Trauer zu vergessen. Daher versorgte er ihn mit einem straffen Lehrplan, damit er auf andere Gedanken kam. Mit der Zeit verlernte der dritte Sohn, auf seine Gefühle zu hören.

Der vierte kam zu einem Bauern. Der Mann hatte schon viele verwundete Tiere geheilt. Er vertraute dem Jungen einen Raben mit einem verletzten Flügel an. Hingebungsvoll kümmerte sich dieser um das Tier und schon bald waren die beiden ein unzertrennliches Paar.

Am Todestag der Eltern trafen die vier Söhne einander wieder. Der erste war vornehm gekleidet und sah auf die anderen herab. Der zweite wurde von seiner Stiefmutter begleitet und versteckte sich hinter ihrem Rücken. Der dritte verstand den Sinn dieses Treffens nicht. Er hatte Mühe, seine Brüder zu erkennen. Der vierte lief den anderen schon von Weitem voller Freude entgegen. Über ihm flatterte der Rabe.

Der mutige Lehrer

Er arbeitete als Lehrer in einem Zentrum für schwer integrierbare Jugendliche. Es war gerade Mittagspause und alle waren ausgeflogen. Endlich konnte er in Ruhe seine Zeitung lesen. Aus dem Untergeschoss drangen Geräusche an sein Ohr, doch er registrierte sie kaum. Es war immer viel los in dieser Institution. Der Lärm schwoll an. Einige Schüler liefen an seiner Zimmertüre vorbei, er vernahm Panik. Einem inneren Impuls folgend stand der Lehrer auf und trat in den Gang hinaus. Da preschte ihm ein Mann entgegen. Eine furchterregende Gestalt, vor Wut zitternd und mit wahnsinnigem Blick. „Aus dem Weg!", schrie der Mann. „Oder ich bringe dich um!" Der Lehrer spürte, wie ihm etwas Hartes, Spitzes gegen den Bauch gedrückt wurde. Er war noch nie ein Kämpfer gewesen. Ganz im Gegenteil, unter Kollegen galt er als sanftmütig und konfliktscheu. Doch jetzt konnte er nicht ausweichen. Die Schüler hatten sich hinter seinem Rücken verschanzt, er musste sie schützen. Das Gesicht des Angreifers war nur wenige Handbreit von ihm entfernt. So nah, dass er seinen heißen Atem roch. Die Augen geweitet und verschleiert von Drogen. Sie blickten sich an. Zwei Männer in einem Gang, still und unbewegt. Mitten in der Anspannung breitete sich eine unerklärliche Ruhe aus. Keine Gedanken. Kein Vorwurf. Keine Angst. Die Situation hatte alles Persönliche verloren.

Da riss sich der Angreifer los. Kehrte um und stürmte davon.

Allgemeines zu Mitgefühl

Mitgefühl und Herzenskraft ermöglichen es uns, über Gegensätze hinwegzusehen und bedingungslos anzunehmen, was ist. Diese bedingungslose Annahme nennen wir Liebe. Doch Liebe ist ein geduldiges Wort. Manchmal wird damit auch ein beengendes Abhängigkeitsverhältnis oder ein Tauschhandel mit Bequemlichkeiten kaschiert: „Ich liebe dich, wenn ich von dir etwas Bestimmtes bekomme. Ich liebe dich, weil du mich versorgst." Diese „Wenn-dann-Liebe" sieht der Liebe ohne Pferdefüßchen manchmal zum Verwechseln ähnlich. Doch sie hinterlässt eine andere Emotion. Bei der einen fühlen wir uns geliebt, so wie wir sind. Bei der anderen hängt über unserem Kopf stets ein Damoklesschwert. Denn die „Liebe" könnte uns entzogen werden, wenn wir nicht schön, klug und erfolgreich sind – oder vielleicht weil wir zu wenig aufgeräumt haben (**„Zuhause in zwei Versionen"**).

Im alten Griechenland wurden drei Formen von Liebe unterschieden: „Philia" – das freundschaftliche Zugetansein, „Eros" – das körperliche Begehren, und „Agape" – das uneigennützige Wohlwollen, die bedingungslose Liebe. Es gibt wohl noch viele andere Arten von Liebe und jeder Mensch nimmt Liebe unterschiedlich wahr. Kann jeder von uns lieben, oder ist es eine Kunst, wie Erich Fromm sagt? Liebt ein Säugling seine Mutter, obwohl er noch keine Trennung zwischen sich und ihr wahrnehmen kann? Interessant ist, dass die Worte „lieben" und „leben" in Klang und Schriftbild sehr ähnlich sind. So ist Liebe wohl die Grundlage allen Lebens. Sie trägt und erhält uns (wie auch in Kapitel 1 ausgeführt).

Im Alltag denken wir meist, dass es für Liebe zwei braucht. Ein Ich und ein Du. Ein Säugling kann schließlich ohne liebevolle Zuwendung einer Bezugsperson nicht überleben. Als Erwachsene ist es jedoch wesentlich, nicht darauf zu warten, von anderen geliebt zu werden. Wir können uns selbst anerkennen und lieben, unabhängig davon, ob unser Gegenüber uns toll findet oder nicht. Mitgefühl für uns selbst entdecken.

Ein fühlendes Herz ist sehr empfindlich und verletzlich. Weil ein gebrochenes Herz so wehtut, verwenden wir verschiedene Strategien, um weitere Verletzungen zu vermeiden. Wir beginnen Mauern aufzubauen und uns dahinter zu verstecken. In den Straßen kann man dies vielen Passanten sogar körperlich ansehen: Sie ziehen die Schultern vor, um ihr Herz zu schützen, und „panzern" ihren Rücken. Physiotherapeuten klagen darüber, dass gerade der Bereich der Brustwirbelsäule bei den meisten Erwachsenen in unserer Gesellschaft zu unbeweglich geworden ist. Der Preis für das Abkoppeln von unseren Gefühlen ist hoch. Wer keine Trauer mehr fühlen will, kann auch keine Freude empfinden. Die beiden gibt es leider nur im Doppelpack.

Immer wieder bieten emotionale Verletzungen auch die Chance für eine persönliche Weiterentwicklung und können dem Leben Tiefgang geben. „There is a crack in everything. That's how the light gets in", singt Leonard Cohen in seinem Hit „Anthem". In Japan gibt es die Kunstform Kintsugi. Sie veredelt Risse in Keramikschalen ganz bewusst mit Goldstaub und macht so gesprungene Gefäße zu einer besonderen Kostbarkeit (**„Das Gasthaus zur zerbrochenen Schale"**).

Liebe und Mitgefühl werden oft als Synonyme verwendet: „Er ist ein liebender, mitfühlender Mensch." Strenggenommen bezeichnet Mitgefühl die Fähigkeit, Empfindungen, Gedanken und Emotionen des anderen zu erkennen. Eben mit-fühlen zu können. Mitgefühl kann sich in konkreten Situationen des Alltags sehr unterschiedlich auswirken. Manchmal sieht es wie sein Gegenteil aus, vielleicht sogar wie Grausamkeit. Wenn eine Mutter ihr volljähriges „Kind" aus dem „Hotel Mama" wirft, damit es selbstständiger wird, dann kann das für einen jungen Erwachsenen sehr hart erscheinen. Doch Eigenverantwortung übernehmen wir manchmal nur, wenn wir dazu gezwungen werden. Auch in spirituellen Traditionen kommt es immer wieder vor, dass ein Meister seinen Schüler aus dem gemachten „Nest" wirft. Durch diesen Sturz ins Ungewisse gibt er dem Schüler die Möglichkeit, den eigenen Weg zu finden und sich von Identifikationen mit der eigenen Tradition zu lösen. Das kann mitunter willkürlich und ungerecht wirken (**„Der Abt und sein Lieblingsschüler"**).

Liebe verlangt Mut. Aus dem Französischen kennen wir den Begriff „Courage". Er enthält das Wort „cœur" (Herz) und meint Beherztheit, Schneid und Unerschrockenheit. Selbst im Angesicht einer Bedrohung wird der couragierte Mensch sich einsetzen und wehren. Tut er dies öffentlich, bewundern wir ihn für seine Zivilcourage (**„Der mutige Lehrer"**).

Oft können sich Situationen des Alltags blitzschnell wandeln, wenn wir beginnen, mitzufühlen und unser Gegenüber unvoreingenommen wahrzunehmen. Missgunst und augenscheinliche Gegensätze verlieren so an Bedeutung, während sich neue Räume der Begegnung öffnen. Ueshiba Morihei, der Begründer der japanischen Kampfkunst Aikido, wird zitiert: „Wenn du angegriffen wirst, schließe deinen Gegner ins Herz."

Kann ein Herz zu viel lieben? In vielen spirituellen Traditionen heißt es, dass das Herz des Menschen dazu fähig ist, die ganze Welt aufzunehmen. Natürlich kennen wir alle Situationen, in denen wir uns verausgaben und ausnützen lassen. Um hier die rechte Balance zu finden, ist es wichtig, den feinen Unterschied zwischen Mitgefühl und Mitleid zu pflegen. Das ist im Alltag besonders schwierig, wenn wir unsere Liebsten leiden sehen. Wenn wir nichts tun können, damit es ihnen besser geht. Wenn Eltern erleben müssen, wie ihr kleines Kind an einer Krankheit zugrunde geht. Wenn der geliebte Partner aus seiner Sucht nicht herausfindet und sich selbst zerstört. Nur zu leicht verfallen wir dann vom Mit-fühlen in ein Mit-leiden. Der Unterschied ist manchmal von außen kaum zu sehen. Doch im eigenen Empfinden und in der Wirkung ist er sehr groß. Im Mitleid können und wollen wir die Situation nicht akzeptieren, wie sie ist, und entwickeln einen inneren Groll dagegen. Im Mitgefühl lassen wir den anderen frei. Wir spüren seine Trauer, den Schmerz, die Angst. Wir nehmen die Gefühle des anderen wahr, ohne unsere eigenen auf ihn zu projizieren. Alles darf sein. Wir helfen da, wo Hilfe sinnvoll ist, und nehmen uns selbst zurück. Sind wir mitfühlend, muten wir dem anderen sein eigenes Schicksal zu, und er kann daran wachsen (**„Die Alte vom Berg"** und **„Die vier Brüder"**). Von Konfuzius ist dazu folgender Spruch überliefert: „Was du liebst, lass frei. Kommt es zurück, gehört es dir – für immer."

5.
Die eigene Wahrheit

Peters Wahrheit

Noch zwanzig Minuten bis zum Boarding. Peter lehnte seinen Kopf gegen die Wand, die Augen halb geschlossen. Ralph saß neben ihm. Es tat so gut, dass er da war. Zum tausendsten Mal fragte er sich, ob es fair sei, ihn in die Sache mit hineinzuziehen. Er schien doch fast noch ein Kind zu sein. Und selbst für einen ausgewachsenen Mann war die Aufgabe eigentlich unzumutbar. Doch die Entscheidung war gefallen. Und Ralph wusste es ohnehin von Anfang an. Seit sie mit dem Befund aus dem Spital zurückgekommen waren. Wie er ihn damals angesehen hatte, mit diesem speziellen Blick – er würde es nie vergessen. Voller Angst und gleichzeitig voller Hingabe. Ein unendliches Vertrauen. Angst und Hingabe schlossen sich demnach nicht aus, das war gut zu wissen. Für seinen großen Moment, wenn er dann an der Felskante stehen würde.

Der Befund von Primar Frank war klar gewesen: Krebs im Endstadium. Es gab kein Entkommen. Trotzdem hatte ihm der Arzt eine neuartige Therapie ans Herz gelegt: „Eine Lebensverlängerung von ein bis zwei Jahren könnte man durchaus herausholen. Wenngleich die Therapie nicht ganz billig ist." Auch werde sie sein Immunsystem weiter schwächen, Depressionen und Übelkeit nicht auszuschließen. Peter hatte abgelehnt. Wozu einem todgeweihten Gaul auf die Beine helfen? Damit er sich eine weitere Runde über den Platz quält? Der Primar war daraufhin richtig sauer geworden: „Aha, da ist einer, der nicht gesund werden will!" Gesund? Das war doch lachhaft! Bloß Jennifer war seitdem schlecht auf ihn zu sprechen, konnte seine Entscheidung nicht mittragen. „Peter, es ist dein Leben!", hatte sie mit bitterem Unterton vermerkt.

Noch fünfzehn Minuten. Er veränderte seine Sitzposition, versuchte es sich ein bisschen bequemer zu machen. Wann war eigentlich die Idee mit dem Grand Canyon aufgetaucht? Wahrscheinlich während der Weihnachtstage, als er den neuen Bildkalender aufgehängt hatte. Berauschend schöne Fotos von den roten Schluchten. Diese Farbenspiele, diese bizarren Formen! Schon als Kind hatte er unbedingt dorthin fliegen wollen. Und nun würde es klappen. Noch war es nicht zu spät. Eine Woche lang die Landschaft genießen und ganz nebenbei den passenden Ort für seinen Abgang finden. Eine steile Felsnase sollte es sein. Und dann: fliegen, fliegen hinein ins Ungewisse!

Er beobachtete eine Familie schräg vis-à-vis, alle im Ferienmodus. Freudig erregte Kinder plapperten durcheinander, während die Eltern in ihrem Reiseführer blätterten. Menschen mitten im Leben. Wehmütig erinnerte er sich an seine eigenen Urlaubsreisen. Er hatte gerne gelebt. Auch mit Jennifer hatte es früher viele schöne Momente gegeben. Und natürlich mit den Kindern. Zuerst war der kleine Ralph gekommen, der Sensible. Vor dem er nichts verstecken konnte. Der ihn bis in die Tiefe seiner Seele durchschaute. Und dann Jonathan, der wilde Nachzügler. Ein Bub, der sich von klein auf durchzusetzen vermocht hatte. Das musste er auch, denn Jennifer hatte ihn anfangs nicht gewollt. An ihr pikiertes Gesicht nach dem Schwangerschaftstest erinnerte er sich genau.

Oftmals hatte er sich im Geheimen gefragt, ob Jonathan vielleicht ein Kuckuckskind sei. Vieles an ihm – die Kinnpartie und die gelockten Haare – erinnerte ihn an Jennifers Chef.

Noch zehn Minuten. Die Geräuschkulisse machte ihn müde: schreiende Kleinkinder, ständige Durchsagen, das Surren der Klimaanlage. Er stützte den Kopf in seine Hände und dachte an seine Freunde. Viele wären schockiert oder enttäuscht. Vor allem wegen Ralph, an dem die ganze Organisation hängen bliebe: Bergung, Krematorium, all die Dokumente … Doch diesen letzten Liebesdienst musste er ihm zumuten, sonst kam niemand dafür infrage. In den letzten Wochen hatte Peter deshalb alle Unterlagen genau recherchiert, die aktuellen Telefonnummern herausgesucht. Gleich nach der Landung würde er für Ralph ein amerikanisches Prepaid-Handy kaufen, dann ginge vieles leichter.

Ralph war ihm im letzten halben Jahr eine wichtige Stütze gewesen. Obwohl sie nie direkt über seinen Zustand gesprochen hatten, half er ihm das Unaussprechliche zu tragen. Bei Jennifer war das anders. Sie sah ihn nicht, konnte mit seiner Verfassung nicht umgehen. Stattdessen stopfte sie ihre Tage randvoll mit Beschäftigungen. Manchmal packte ihn deshalb die Eifersucht. Weil sie aufblühte, während er immer weniger wurde.

Noch fünf Minuten. Warum war er sich damals im Spital so sicher gewesen, die Therapie abzulehnen? War nicht ein kleines bisschen Hoffnung besser als nichts? Noch könnte er die ganze Aktion abblasen. Immer diese

Zweifel. Nein, in der Klinik hatte er es glasklar gewusst: dass es mit ihm zu Ende ging. Und dass er die Umstände selbst wählen wollte. Es war sein Menschenrecht, seine letzte Würde. Doch erzählen konnte er davon niemandem. Nicht einmal Jennifer, das würde sie nicht verstehen. Schon alleine der Kinder wegen. Aber es war auch nicht ihr Leben. Er musste jetzt an sich selbst denken! Schnell warf er seinem Sohn einen Seitenblick zu, Ralph war in sein Handy vertieft. Eine Woche an einem wunderbaren Ort und mit dem Menschen, der ihm am meisten am Herzen lag. Würde er es schaffen zu springen?

Boarding …

Gerdas Wahrheit

Gerda putzte schon ihr ganzes Leben lang. Zuerst zu Hause für die Eltern und kleineren Geschwister. Dann für ihre Kunden. Das ermöglichte ihr einen bescheidenen Lebensstandard: die kleine Mietwohnung, Lebensmittel aus dem Supermarkt, ab und zu eine Tasse Kaffee ums Eck. Oft träumte Gerda davon, einen Tag lang die Rolle tauschen zu können mit jenen Menschen, die in den großen Dachgeschosswohnungen wohnten. Frühstück auf der Terrasse mit Sicht über die ganze Stadt. Ein Haushaltsraum mit Waschmaschine und Trockner auf derselben Ebene, nie wieder Wäsche aus dem feuchten Keller zu schleppen. Ein breites Bett mit guter Matratze, ohne Rückenschmerzen aufzuwachen.

Gerda hatte es sich so gewünscht und konnte es dann doch nicht glauben. Lange blickte sie auf den Lottoschein in ihrer Hand. Verglich die Ziffern ein ums andere Mal. Als die Trafikantin ihr gratulierte, blieb sie stumm. So ein Gewinn passte nicht in ihr Leben.

In den folgenden Monaten tat Gerda zunächst mal gar nichts. Machte weiter wie bisher, musste sich von dem Schock erholen. Dann mietete sie sich eine Dachgeschosswohnung mit Terrasse, Waschmaschine, Trockner und bequemem Bett. Blickte über die Stadt, lag auf dem Bett, füllte Wäsche in die Maschine. Was machten die anderen bloß den ganzen Tag lang? Gerda versuchte sich ein Beispiel an ihren früheren Kunden zu nehmen und besuchte eine Wellness-Therme. Lag am Pool, ging in die Sauna, ließ sich die Haare machen. Dazwischen blätterte sie in den bereitgelegten Illustrierten. Am nächsten Tag lag sie wieder am Pool, ging in die Sauna und dann zur Kosmetikerin. Am dritten Tag wurde es ihr langweilig. Sie beobachtete das Personal, eine junge Frau kam sichtlich nicht mit dem Putzen der großen Fenster zurecht. Gerda schlenderte zu ihr hinüber und zeigte ihr unauffällig ein paar Tricks aus der Praxis. Sie waren einander sympathisch. Die Frau hieß Klaudia und hatte ein krankes Kind zu Hause. Gerda sprang kurzerhand für sie ein, warum auch nicht? Auch am nächsten Morgen war Gerda pünktlich zur Stelle, schickte Klaudia wieder nach Hause zu ihrem Kind. Es störte Gerda nicht, sich nützlich zu machen. Um die Wahrheit zu sagen: Es gefiel ihr sehr!

Klaudia blieb zwei Wochen zu Hause. In der Zwischenzeit wurde Gerda fixer Bestandteil des Hausteams. Natürlich flog das Ganze irgendwann auf. Das Management der Therme war höchst erstaunt, hatte so etwas noch nie erlebt. Man schrieb über sie in der Hauszeitung: „Unsere Millionärin und Putzfrau." Journalisten der großen Tageszeitungen kamen und baten sie um Interviews. Einer half Gerda dann, ihr erstes Buch zu schreiben: „Glücklich putzen!"

Noahs Wahrheit

Noah wollte weg.

Der Vater war Elektriker und bestimmte Noah als seinen Nachfolger.

Die Mutter fand, dass Noah Arzt werden sollte – wie jene Götter in Weiß im Vorabendprogramm.

Die ältere Schwester beneidete Noah, weil er vom Vater bevorzugt wurde.

Die jüngere Schwester brauchte Noah zum Puppenspielen, er sollte der Papa sein.

Zu Hause fehlte Noah die Luft zum Atmen. Er wollte einfach nur weg, sehnte sich nach einem Ort, an dem ihn niemand kannte. Alle schienen zu wissen, wer er war. Wer er sein sollte. Konnte er nicht einfach abhauen? Doch wohin? Da fiel ihm seine Tante in Australien ein. Sie hatte ihn noch nie gesehen, für sie war er wie ein unbeschriebenes Blatt. Noah zählte seine Ersparnisse und buchte das Ticket.

Noah war dann weg.

Der Vater schaute jetzt auf die ältere Schwester.

Sie würde später den familiären Betrieb übernehmen.

Die Mutter schaute jetzt auf die jüngere Schwester.

Sie sollte später Ärztin werden.

Noah reiste durch Australien. Die Tante fand er nicht, sie war wohl verzogen. Er landete auf einer Schaffarm. Die Arbeit mit den Tieren gefiel ihm. Für sie war er wie ein unbeschriebenes Blatt.

Carmens Wahrheit

Wieder mal hat Ernesto alles perfekt geplant. Er überlässt doch wirklich nichts dem Zufall. Der Blumenschmuck der Limousine, die Kleider der Brautjungfern, alles in Cremeweiß gehalten, alles aufeinander abgestimmt. Auf den Erinnerungsfotos wird er später wunderbar aussehen: der schönste Tag unseres Lebens.

Ich hätte zwar lieber in Reinweiß geheiratet, doch Ernesto findet das geschmacklos. Schließlich bin ich in der achtzehnten Woche schwanger. Der Bauch wölbt sich schon ein kleines bisschen. In der achtzehnten Woche, sagte der Arzt. Es muss also doch in Kreta passiert sein.

Carmen – stopp! Wir haben doch ausgemacht, dass du nicht mehr darüber nachdenkst! Ernesto ist der Vater – und Schluss! Du weißt, dass es mit diesem Pub-Besitzer niemals geklappt hätte. Ein Althippie mit ausgefransten Jeans und verbeultem Motorrad … Aber er muss es gewesen sein. Er ist der Vater meines Kindes. Ach, warum habe ich mich damals nur mit ihm eingelassen! Und welcher Teufel hat mich geritten, für die Hochzeitsreise wieder dasselbe Hotel in Kreta zu buchen? Auch Ernesto hat sich gewundert. Irgendetwas zieht mich dorthin zurück, zu diesem Tagedieb. Für ihn will ich das Leben an der Seite von Ernesto Castillo aufs Spiel setzen? Dem Ernesto Castillo, dem bekanntesten Rechtsanwalt von ganz Madrid?

So viele Blumen. Von allen Seiten werfen die Menschen Blumen auf Papa und mich. Cremeweiße Blüten, und manchmal ist eine dunkelrote dabei. Wie ästhetisch, wunderschön! Die alten steinernen Treppenstufen, die massive

Pforte. Und dort vorne steht er bereits, hat sich zu mir umgedreht: mein Ernesto. Im cremefarbigen Anzug mit dunkelroter Krawatte.

Meine Schwester hätte dich gerne gehabt, weißt du das, Ernesto? Doch jetzt werde ich deine Frau. Auch wenn du wahrscheinlich nicht der Vater meines Kindes bist. Doch du hast mich nie gefragt, also musste ich auch nicht lügen. Seit meiner spontanen Reise nach Kreta hast du mich wie eine Göttin umworben, mir jeden Wunsch von den Augen abgelesen. Du freust dich so auf das Kind. Ich könnte doch niemand Besseren heiraten!

Schau, wie glücklich sie sind. Mama und Papa, alle sind stolz auf uns. Tante Lucía hat ihr Stofftaschentuch gezückt und winkt uns zu. Man sieht unser Familienwappen darauf. Und die Orgel, welch himmlische Klänge!

Aber ist es nicht alles eine große Lüge? Baue ich meine Ehe nicht gerade auf einer Lüge auf? Er ist nicht der Vater, Carmen, mach dir nichts vor! Ich nehme ihn doch nur, weil er sich so bemüht. Ich will ihn doch gar nicht. Ach verdammt, es ist zu spät. Der Priester beginnt bereits mit seiner Ansprache. Was kann ich noch tun? Es ist doch schon alles entschieden.

„Ernesto, willst du Carmen zu deiner Frau nehmen, in guten wie in schlechten Tagen, bis dass der Tod euch scheidet?"

„Ja, das will ich!"

Wie er mich anlächelt. Doch da ist auch eine Prise Sorge dabei. Sorge – ja, du hast allen Grund zur Sorge, mein lieber Ernesto. Ich will da nämlich raus! Raus aus dieser ästhetischen Mausefalle. Noch ist es nicht zu spät,

Carmen García Loren. Rette deine Haut! Solange du atmen kannst, kannst du auch laufen!

„Carmen, willst du Ernesto zu deinem Mann nehmen, in guten wie in … Carmen?"

„Carmen!!!"

Erics Wahrheit

Niemand hatte es für möglich gehalten. So eine Veränderung, gerade bei ihm. Eric war schon seit beinahe zehn Jahren in der Institution. Seine Eltern hatten ihn abgegeben, weil es ihnen reichte. Sie brauchten dringend wieder ein eigenes Leben. Ein Leben, in dem sich nicht alles um Eric drehte. Es war am Tag nach seinem fünften Geburtstag gewesen, als sie ihn brachten. Seither war er gründlich untersucht worden und professionell betreut. Eric war taubstumm, dazu körperlich und geistig zurückgeblieben. Seine Tage verbrachte er vor sich hin dämmernd im Rollstuhl. Man hatte weiß Gott was probiert, um ihn aus seiner Lethargie herauszuholen. Doch vergeblich. Einmal brachte man ihm Malstifte, da wurde er gewalttätig. Riss alles an sich und hämmerte mit den Stiften wie wild drauflos. Es brauchte drei Pfleger, um ihm die Malutensilien wieder zu entreißen. Seit jenem Tag hing er wieder in seinem Rollstuhl. Wie eine welke Zimmerpflanze.

Dann kam der neue Pfleger: Leo. Er wusste nichts von Erics Vorgeschichte und bot ihm Malstifte an. Und Papier, so viel er wollte. Eric begann sofort ungehemmt zu hämmern. Sollte er doch machen, worauf er Lust hatte, dachte Leo. Vielleicht konnte er den Stift nicht anders führen. Leo sah das ganz relaxed und ging einstweilen eine rauchen. Als er zurückkam, rollte ihm Eric schon entgegen, die Arme flehentlich ausgestreckt. Was er wollte? Offensichtlich mehr Papier. Leo räumte den Kopierer aus, brachte ihm einen ganzen Packen. Eric stürzte sich wie ausgehungert darauf. Das Hämmern ging bis zum Abend, dann schlief Eric völlig erschöpft ein. Kurz vor Schichtende besah sich Leo die fertigen Werke: die Aussicht aus Erics Zimmer im Morgenlicht, die Aussicht am Abend und im Winter bei Schnee. Die Aussicht, wenn die Kindergartenkinder im Garten herumtollten, und die Aussicht auf die Menschenmenge, als im Nachbartrakt der Feueralarm losging. Bilder vollständig aus Punkten aufgebaut. Es gab keine einzige Linie dabei. Alles höchst naturalistisch und präzise dargestellt. Fast wie auf einem Foto.

Nun, überlegte Leo, vielleicht sollte man mit Eric einmal einen Ausflug machen? Offensichtlich bekäme er in der Anstalt nicht so viel zu sehen. Am nächsten Tag schob er ihn im Rollstuhl in den Park neben die spielenden Kinder. Krähen saßen auf den Bäumen, eine Katze strich ums Haus. Eric wirkte in all dem Treiben völlig unbeteiligt. Ließ sich hängen wie Herbstlaub. War wohl nichts, dachte Leo, und brachte ihn wieder in sein Zimmer. Dort stürzte sich Eric sofort auf die Stifte und begann mit seiner Hämmerei: Bilder von Kindern, Katzen und Krähen. Dazu Leo mit seiner Zigarette.

Von dem Tag an zeichnete Eric täglich wie ein Besessener. Zunächst Dinge aus seinem Umfeld. Der Ausguss der Kaffeemaschine im Aufenthaltsraum, das Lächeln von Schwester Lilly, Fransen am Teppich im Warteraum. Interessant: Jedes Mal vermerkte er das Datum, manchmal sogar die Uhrzeit des Geschehens. Auch die Ziffern waren aus Pünktchen aufgebaut. Seine Eltern wurden gerufen, um den großartigen Fortschritt von Eric zu sehen. Sie brachten ihm Kuchen, freuten sich mit ihm und gingen dann wieder. Erics neue Bilder zeigten nun

Situationen aus seiner familiären Vergangenheit. Das tragische Gesicht der Mutter, als der Opa starb. Das stolze Lächeln des Vaters nach seiner Beförderung. Bella, die Hündin, am Tag, bevor sie eingeschläfert wurde. Die Torte, die seine Mutter für seinen fünften Geburtstag gebacken hatte. Mit vier Kerzen, die Mutter hatte damals eine zu wenig. Eric würde doch so etwas nicht merken. Alle Bilder waren mit akkuratem Datum versehen. Eric selbst kam darin nie vor.

Leo lobte seine Werke. Sie gefielen ihm tatsächlich. Er hielt ihm sein Handy vor die Nase und erklärte ihm, dass all die Bilder und Filme dort drinnen auch bloß aus Pixeln, aus kleinen Punkten aufgebaut waren. Wie seine Bilder. Und dass es im Handy Dinge zu sehen gab, die in der wirklichen Welt gar nicht existierten. Dinge, die der Fantasie des Programmierers entsprungen waren. Von dem Tag an war ein Glimmen in Erics leere Augen zurückgekehrt. Und er zeichnete und zeichnete. Während Leos Schicht entstanden asiatische Landschaften mit schlitzäugigen Schönheiten. Am Anfang konnte Leo es nicht so recht glauben. Hielt es für einen Zufall. Woher sollte Eric denn wissen, dass er vorhatte, bei nächster Gelegenheit nach Kambodscha abzuhauen?

Als Schwester Lilly Dienst hatte, zeichnete Eric Bilder eines kleinen, dunkelhaarigen Mädchens mit roter Mütze. Es lächelte und winkte dem Betrachter zu. Schwester Lilly kam daraufhin zwei Tage nicht in die Anstalt und Leo hatte wirklich Mühe, sie zu beruhigen. So hatte ihre Tochter ausgesehen, bevor das Auto sie erwischt hatte. Woher Eric das bloß wusste? Und interessant: Alle Bilder waren jetzt mit einem tagesaktuellen

Datum versehen. Eric zeichnete auch das Traumhaus des Portiers, den Fußpilz der Küchenhilfe und das Karzinom im Enddarm von Fred, seinem Zimmerkollegen. Obwohl die Institutsleiterin es als lächerlich bezeichnete – das konnte doch nicht sein –, ließ sie Fred zur Sicherheit untersuchen. Die Ärzte behielten ihn gleich für die nötige Operation im Krankenhaus.

Erics Fähigkeiten sprachen sich herum und eine wahre Flut an Interessenten klopfte an die Pforte des Instituts. Die Besucher setzten sich einer nach dem anderen auf einen Stuhl und Eric hämmerte wie wild auf das Papier. Viele gingen berührt und getröstet mit ihrem Bild nach Hause. Eines Tages zeichnete er auch den heimlichen Geliebten der Institutsleiterin. Obwohl diese das Bild schnell verschwinden ließ, hatten es doch einige Mitarbeiter gesehen. Erkannten die Zusammenhänge, so eine Blamage! „Schluss ist nun mit dieser elendiglichen Hämmerei!", bestimmte die Institutsleiterin. Sie seien doch kein Wahrsagezirkus, sondern eine ernst zu nehmende Einrichtung. Eric habe sich ab jetzt mit etwas anderem zu beschäftigen. Sie duldete keinen Widerspruch. Und Papier dürfe nur mehr in kleinen Mengen direkt in der Direktion abgeholt werden. An der Lade des Kopierers befestigte sie zur Sicherheit ein Schloss.

Eric schlug mit dem Kopf gegen die Wand. Sie mussten ihn festbinden und ihm Beruhigungsmittel verabreichen. So ging es eine Woche lang. Dann hatte Leo Mitleid. Er konnte diese Verzweiflung nicht ertragen, band Eric los und reichte ihm Stifte und Papier. „Sei ganz leise", flüsterte er, „damit dich niemand hört." Dann schloss er die Türe.

Am nächsten Morgen betrat er Erics Zimmer und hielt überrascht mitten im Schritt inne: Da waren Gesichter überall! Auf dem Fußboden zwischen den Stuhlbeinen, auf den Wänden, den Kästen. Sogar am Spiegel und auf der Bettdecke. Und immer war es das Gesicht von Eric! Eigentlich hatte Leo vermutet, dass Eric kein Bild von sich selber machen konnte. Hatte sich doch bislang nie selbst gemalt. Nun war das ganze Zimmer voll von ihm. Amüsiert drehte sich Leo zum Bett um. Wollte ihm schon freundschaftlich auf die Schulter klopfen. Doch das Bett war unbenutzt. Sanft bauschte sich der Vorhang vor dem geöffneten Fenster. Davor der leere Rollstuhl.

Torstens Wahrheit

Torsten war ein kleiner Mann. Seine Körpergröße war schon in der Kindheit auffallend gewesen. Mit sechs Jahren war ihm die kleinere Schwester über den Kopf gewachsen. Mit acht Jahren hatte er begonnen ihre Jeans und Turnschuhe zu tragen. Dabei war Torstens Vater ein Hüne mit stattlichem Körperbau, man konnte sich nur wundern.

Aufgrund seiner geringen Größe wurde Torsten oft unterschätzt. Zum Beispiel am Spielplatz: „Schau, was er alles kann!" Oder in der Bücherei: „Der Junge kann schon lesen!" Das kränkte Torsten, er war doch kein Baby mehr. Manchmal hatte er tatsächlich Probleme, mit den anderen mitzuhalten. Zum Beispiel bei den Wettrennen im Sport. Wegen seiner kurzen Beine brauchte er einfach länger. Oder beim Basketball. Oder wenn es um Mädchen ging. Welche wollte schon einen Freund haben, der ihr nur bis zur Brust ging? Und die Mädchen wuchsen alle so beängstigend schnell in dem Alter.

Nach der Schule fing Torsten bei einer Bank an. Der Umgang mit Geld gefiel ihm. Er machte ihn irgendwie größer und bedeutender. So fand er. Wenn er hinter dem Schalter saß und seinen Sessel möglichst hoch einstellte, dann sah er fast normal groß aus. Für seine Füße rückte er einen kleinen Schemel zurecht, damit sie nicht in der Luft baumelten. Doch das sahen die Kunden nicht, sein Trick blieb hinter der Holzverschalung des Schalters verborgen. Auf der Straße war Torsten immer auf seinem Scooter mit extra großen Rädern unterwegs. Mit den Füßen auf dem Rollbrett gewann er gute zehn Zentimeter, das gab ihm ein sicheres Gefühl.

Umso weniger mochte er Orte, an denen er seinen Scooter nicht mitnehmen konnte. Zum Beispiel zur jährlichen Weihnachtsfeier, die heuer in einem Eventhotel stattfinden sollte. Es war bereits Abend und Torsten putzte sich heraus. Zog seinen besten Anzug an und die Krawatte mit den Rentieren. Vielleicht brachte er damit die eine oder andere Kollegin zum Schmunzeln. Im Saal suchte er sich gleich einen Platz am Bankett. Im Sitzen war der Größenunterschied nicht so sichtbar. Das Essen wurde serviert, man plauderte über dies und das. Als der Abend voranschritt, löste sich die Stimmung immer mehr. Da hatte der Abteilungsleiter, schon leicht beschwipst, eine Idee für das Teambuilding: Wie wäre es, wenn jeder etwas täte, was er oder sie sich bislang noch nie getraut hatte. Stürmischer Applaus! Einmal so richtig über den eigenen Schatten springen. Aber der Abteilungsleiter sollte sich als Erster outen. Mit gerötetem Gesicht stand dieser auf und gab ein „I wish you a Merry Christmas" zum Besten. Gelächter, Pfiffe, Rufe nach einer Zugabe. Dann meldete sich die schüchterne Kassiererin und versuchte sich im Witzeerzählen. Beim ersten verpatzte sie die Pointe, doch das machte nichts. Alle bogen sich vor Lachen. So ging es weiter. Doch Torsten bekam es kaum mit. Er war beschäftigt, in ihm brodelte es. Sollte er es tun? Konnte er es wirklich wagen?

Gerade hatte ein Kollege mit der schönsten Frau der Abteilung eine Rumba getanzt, da stand Torsten auf. Ging in die Mitte des Saales. Räusperte sich. Alle Blicke waren erwartungsvoll auf ihn gerichtet. Torsten sagte: „Seht mich an, ich bin ein kleiner Mann." Zwei Frauen kicherten. Dann knöpfte Torsten sein Sakko auf.

Fingerte an seiner Krawatte herum. Löste die Schnürsenkel. Schritt für Schritt begann Torsten sich auszuziehen. Die beiden Frauen kicherten nicht mehr, ihnen blieb der Mund offen. Er öffnete das Hemd, den Gürtel. Schlüpfte aus der Hose und hängte alles säuberlich auf einen Stuhl. Die Spannung im Raum stieg an. Jetzt sah man Torsten im gerippten Unterhemd, mit Unterhose und Socken. Er sagte: „Mein Leben lang habe ich mich für diesen Körper geniert und versucht, ihn möglichst zu verstecken. Doch heute zeige ich mich euch, wie ich bin!" Er streifte den Rest der Kleidungsstücke ab. Da stand er nun: ein kleiner Mann, nicht mehr ganz jung und noch nicht alt. Mit ein paar Schwimmringen um den Hüften, dunklen Haaren auf der weißen Brust, ersten Ansätzen einer Glatze. Im Raum war es totenstill, alle saßen regungslos auf ihren Plätzen. Torsten fuhr fort: „Ich hasse meinen Körper. An mir ist alles klein: die Hände, die Beine, sogar der Penis ist winzig. Keine Frau will mich. Aber ich bin auch ein Mann, verdammt!" Dann fing Torsten an zu weinen. Stand da alleine, nackt inmitten des Saales.

Zuerst kam einer der Kellner, sichtlich erschüttert. Er brach das Eis, nahm Torsten in den Arm und murmelte: „Mann, du bist echt cool!" Zögernd standen zwei Mitarbeiterinnen aus der Privatkundenbetreuung auf. Gingen zu den beiden Männern in der Raummitte und legten ihnen ihrerseits die Arme um die Schultern. Eine sagte zu Torsten: „Ich geniere mich auch oft." Die andere: „Ich habe Mundgeruch." Ein bärtiger Mann aus der IT-Abteilung folgte, dann der Lehrling aus dem Vertrieb. Immer mehr Kollegen versammelten sich, lehnten sich an die Vordermänner, legten ihre Köpfe auf deren Schultern, umarmten fremde Rücken. Im Zentrum des Menschenknäuels stand Torsten. Er hatte zu weinen aufgehört. Badete im Meer der Umarmungen. Spürte Solidarität. Sie waren doch alle nur Menschen.

Gertrauds Wahrheit

Als Kind hatte sie den Schnee geliebt. Das Rodeln am Hügel hinter dem Bauernhaus. Das Bestimmen der Tierfährten. Die Schneeballschlachten nach der Schule. Jetzt lebte sie in einem Land, in dem es niemals schneite.

„Bitte wieder anschnallen!" Die Flugbegleiterin riss Gertraud aus ihren Gedanken. Sie verstaute ihr Buch im Handgepäck und richtete die Lehne ihres Sitzes gerade. Zurück in der Heimat, zum ersten Mal nach so vielen Jahren. Ihr war beklommen zumute, wie vor einer Prüfung. Wie oft hatte sie sich Gespräche mit der Mutter vorgestellt. Briefe an sie formuliert, die sie dann doch nicht abgeschickt hatte. Und jetzt war sie tot.

Gertraud sah aus dem Fenster. Die Ausläufer der Großstadt waren schon zu sehen: Häuserteppiche, Autobahnen wie schnurgerade Striche in der Landschaft, Windkraftanlagen. Die Landschaft hatte sich sehr verändert seit ihrem Weggang.

Würden sie sich am Flughafen erkennen? Ihre Schwester müsste jetzt eine Frau mittleren Alters sein. Das altbekannte Schuldgefühl kam wieder hoch und schnürte ihr die Kehle zu. Damals hatte sie die Kleine im Stich gelassen, um ihre eigene Haut zu retten. Es war unverzeihlich.

Gertraud war dreizehn Jahre alt gewesen, als die Mutter auf Wallfahrt ging. Onkel Rudi kam spätabends in ihr Zimmer. Er hatte wieder einmal zu viel getrunken. Sie roch seinen säuerlichen Atem, als wäre es gestern. Den Schweiß seiner Achseln, dazu den Geruch des Zirbenholzbettes. Danach war sie in den Schnee hinausgelaufen, barfuß und im Nachthemd. Hatte ihren Körper

mit dem weißen Nass abgerieben, um die Sünde loszu-
werden. Hatte sich Schnee in den Mund gestopft. Am
nächsten Tag blieb sie krank im Bett liegen. Eine Lun-
genentzündung, sagte der Arzt. Das Bettlaken roch noch
nach ihm. Sie fand seine Brusthaare auf der Überdecke.
Als die Mutter von der Wallfahrt zurückkehrte, erzählte
ihr Gertraud alles. Doch die Mutter blickte an ihr vorbei. Sagte bloß: „Trudel, mein Mädel, du bist krank! Lass
diese schmutzigen Fantasien!"

Als Gertraud wieder gesund war, wusste sie selbst
nicht mehr, ob sie sich alles bloß eingebildet hatte. Bis
es wieder passierte. Diesmal in der Scheune. Sie flüchtete
zur Mutter. Deren Blick ging ins Leere. „Trudel, mach
ma ka Schand!"[6], sagte sie und verschwand in ihrer Kam-
mer. Gertraud hörte sie beten: „Heilige Maria, Mutter
Gottes, bitt für uns Sünder. Jetzt und in der Stunde unseres Todes. Amen!"

Da wusste Gertraud, dass sie sich selbst helfen musste.
Heimlich packte sie ihre Sachen, viel war es ja nicht.
Dann stahl sie einen Teil des Ersparten, das die Mutter
unter einem Dielenbrett in der Küche verwahrte. Machte
sich auf den Weg ins Tal zur Bahnstation. Sie wollte in
die Stadt, wo niemand sie kannte. Wo niemand von ihrer Sünde wusste. „Trudel, mach ma ka Schand!" Als sie
durch die fremden Gassen ging, hatte sie keine Ahnung,
wohin sie sich wenden sollte. Schließlich fand sie bei den
Ordensschwestern Aufnahme. Man hörte ihr zu, gab ihr
zu essen. Die Schwester Oberin war wie eine Mutter für
sie. Sie verschaffte ihr die Gelegenheit, die Schule fertig

---

6   Aus dem Österreichischen: „Trude, mach mir keine Schande!"

zu machen. Später begann Gertraud selbst in der Mission zu arbeiten, fernab von der Heimat. Mit jungen Frauen, die ein ähnliches Schicksal erlitten hatten wie sie.

Vor einer Woche kam dann unerwartet der Brief ihrer Schwester: Die Mutter war gestorben. Jene Frau, die sie geboren, gewickelt, gefüttert hatte – und dreizehn Jahre später verraten. Ob Gertraud zum Begräbnis kommen könnte?

Das Flugzeug rollte von der Landebahn in seine Parkposition. Gertraud ging über die Passagierbrücke in das Gebäude. Alles war so sauber hier. Sie holte sich ihr Köfferchen vom Förderband und trat mit klopfendem Herzen nach draußen. Die Schwestern erkannten sich auf den ersten Blick. Als hätte es die lange Zeit der Trennung nie gegeben. Liefen sich entgegen, umarmten sich. Wollten sich nie wieder loslassen. Auch beim Begräbnis standen sie Seite an Seite und nahmen die Kondolenzen gemeinsam entgegen. Am nächsten Tag fuhren sie zum Elternhaus, setzten sich zum Küchentisch und erzählten sich ihr Leben. Ja, Onkel Rudi hatte es später auch mit der Schwester gemacht. „Aber durch dich, Trudel, wusste ich, dass man sich nicht alles gefallen lassen muss! Ich habe das Geländer am Balkon angesägt. Als er das nächste Mal betrunken zu mir kam, lockte ich ihn hinaus. Es brauchte nur einen kleinen Stoß. Der Arzt bestätigte später, dass es ein Unfall war."

Lange saßen die beiden Schwestern zusammen. Plötzlich überkam sie eine unbändige Lust, hinauszulaufen. Sie warfen sich in den Schnee, wälzten ihre alten Schuldgefühle ab. Tanzten und feierten bis spät in die Nacht.

Allgemeines zur eigenen Wahrheit

Sobald wir als Mensch ein Selbstbewusstsein entwickeln, empfinden wir uns als Ich und gleichzeitig getrennt von der Welt „dort draußen". Wir definieren das, was wir sind, und das, was wir nicht sind. Und wir versuchen, es richtig zu machen. Die richtigen Entscheidungen zu treffen, um möglichst angenehme Erfahrungen zu haben. Um ein sinnvolles Leben zu führen. Welche Entscheidungen wir als richtig erachten, hängt davon ab, was wir als persönliche Wahrheit angenommen haben. Manchmal entspricht diese persönliche Wahrheit dem, was die Menschen rundherum glauben. Wenn wir uns beispielsweise als Christen immer im kirchlichen Umfeld aufhalten, wird sich unsere Wahrheit größtenteils mit der Meinung anderer Gläubiger decken. Manchmal kann die persönliche Wahrheit jedoch auch konträr zum Umfeld sein (siehe das Thema „Ziviler Ungehorsam" in Kapitel 3).

Seit Urzeiten sind wir Menschen auf der Suche nach *der* Wahrheit, nach der allgemeingültigen Wahrheit. Nach dem Geheimnis, das hinter den Erscheinungen des Alltags liegt und für alle Menschen gleichermaßen gilt. Nach dem, was der Ursprung aller Erscheinungen ist und diese gleichsam hervorbringt. Man könnte sagen: nach Gott. Im Namen dieser letztgültigen Wahrheit wurden die furchtbarsten Verbrechen der Menschheit begangen. Eine blutige Spur der Glaubenskriege durchzieht unsere Geschichte. Sie hat nicht das Schöne, Edle im Menschen hervorgebracht, sondern das Gegenteil davon.

Die moderne Quantenphysik hat im letzten Jahrhundert nachgewiesen, dass es keine Wahrnehmung oder Wahrheit unabhängig vom Betrachter gibt. Das Ergebnis eines quantenphysikalischen Experiments wird vom Betrachter mitgesteuert und der Beobachtungsprozess selbst verändert den Zustand und die Eigenschaften der Elementarteilchen. Unsere lieb gewordene Vorstellung von „Hier bin ich und dort ist das Teilchen" (hübsch getrennt voneinander) funktioniert nicht mehr. Die Realität entsteht, während wir sie beobachten, und es macht einen Unterschied, von welchem Standpunkt aus diese Betrachtung stattfindet. Weil jeder Mensch anders ist und seine eigene Position einnimmt, gibt es eben unendlich viele wahrgenommene Realitäten. Unendlich viele Wahrheiten.[7]

Wir bilden unsere Realität über Sinneseindrücke, die wir aufnehmen. Über das, was wir „außen" hören, sehen, fühlen, riechen, schmecken. Aber auch durch unterschiedliche Gefühle und Gedanken, die sich zu Erlebtem einstellen. Gefühle, die uns mitteilen, wie das außen Wahrgenommene mit unserem Charakter interagiert. Unsere Wahrnehmung tritt in Auseinandersetzung mit dem Übernommenen und formt sich dadurch zu unserer Wahrheit. Diese Wahrheit ändert sich laufend. Unser Glaube als Erwachsene weicht ein Stück weit von dem ab, woran wir uns als Kinder orientiert haben oder als Jugendliche.

---

7   Mehr zum Thema zum Beispiel unter https://denkeandersblog.
      wordpress.com/2015/11/06/neuste-experimente-bestaetigen-reali-
      taet-existiert-erst-dann-wenn-wir-sie-beobachten/, abgerufen am
      2.4.18

Wenn jeder seine Wahrheit hat, kann dann auch jeder tun und lassen, was er will? Nein, denn offensichtlich ist es für ein gedeihliches Zusammenleben wichtig, sich auf gemeinsame Werte zu verständigen. Zu bestimmen, was in einer Gesellschaft richtig, wahr und gut ist – und was falsch. Bei uns ist es beispielsweise verboten, einen anderen Menschen zu töten. Andere Kulturen hatten dazu eine gegenteilige Meinung. Sie empfanden es als richtig, ihre Götter mit rituellen Menschenopfern zu besänftigen. Für jene Kulturen wäre wiederum unser Umgang mit der Natur ein Frevel.

In diesem Kapitel lassen uns sieben ganz verschiedene Personen – **Peter, Gerda, Noah, Carmen, Eric, Torsten** und **Gertraud** – an ihrer persönlichen Wahrheit Anteil nehmen. Sie befinden sich jeweils in einer Schlüsselsituation ihres Lebens und müssen bestimmen, wohin der Weg weitergehen soll. Sie müssen handeln, obwohl sich die Konsequenzen nicht abschätzen lassen. Was ist die richtige Entscheidung? Was fordert dieser Moment von ihnen? Auch wir schlagen uns im Alltag immer wieder mit diesen Fragen herum. Hier hilft oft die Devise: „Tue, was du nicht lassen kannst." Im Zweifelsfall müssen Sie das machen, was Sie unter keinen Umständen lassen können. Dann sind Sie auf der sicheren Seite.

Wenn Menschen den Mut haben, ihrer inneren Wahrheit zu folgen, entstehen oft sehr spannende Lebensläufe. Mitunter bringen sie viel Neues im Beruf ein und Bewegung in die Gesellschaft. Wenn Menschen hingegen ihre innere Wahrheit verleugnen und sich nur nach äußeren Parametern richten, kann dies mit der Zeit zu einem inneren Zwiespalt führen („Wasser predigen und Wein trinken"). Es entstehen permanente Unzufriedenheit, Energieabfall und Sinnlosigkeitsgefühle. Später vielleicht ein Burn-out oder andere Krankheiten.

Ist es eine schwierige Kunst, die eigene Wahrheit zu finden? Unter uns gesagt: Letztlich ist die eigene Wahrheit nichts, was wir aktiv suchen müssten. Auch der eigene Weg – konsequent zu Ende gedacht – ist nichts, was wir finden oder verpassen könnten. Jede Person ist auf ihre Weise einzigartig und daher automatisch auf *ihrem* Weg. Wie bei den Schneeflocken gibt es keine zwei gleichen unter uns. Selbst eineiige Zwillinge unterscheiden sich in manchen Vorlieben und Handlungsweisen. Ihre Gene durchlaufen mit der Zeit unterschiedliche Mutationen. Wir alle reagieren auf Situationen unserem Charakter und unserer Veranlagung gemäß. Ganz automatisch werden wir das Angenehme suchen und das Unangenehme meiden. Und wenn wir in unsere Geschichte zurückschauen, können wir auch in Situationen, die uns damals zutiefst chaotisch vorgekommen sind, einen roten Faden erkennen. Dann bekommt unser Leben in der Rückschau Sinn und Bedeutung. Es fühlt sich wahr an, einfach weil es – war. Es war unser authentischer Ausdruck in Raum und Zeit.

6.
Geisteskraft

Drei Häuser für den König

Im Hofstaat war ein Streit ausgebrochen: Welche Kraft wäre für die Erziehung der jungen Menschen wohl die bedeutendste: die Muskelkraft, die Kraft des Herzens oder die des Geistes. Der König rief seine drei weisesten Männer zu sich, um eine Lösung für dieses Problem zu finden. Er befahl jedem von ihnen, ein Haus zu bauen und sich dabei auf eine der drei Kräfte zu stützen. Nach drei Jahren wollte der König die Gebäude begutachten und entscheiden, welches von diesen den Menschen am dienlichsten wäre.

Der erste Weise war ein Riese mit starkem Rücken und muskelbepackten Armen. Er wohnte in einer kargen Gegend mit groben Granitfindlingen. Diese sammelte er und legte sie zu einem stabilen Fundament aus. Darauf stapelte er weitere Blöcke. Als die Wände die Höhe seines Kopfes erreicht hatten, begann er, die Steinreihen etwas nach innen zu rücken, sodass mit der Zeit ein stabiles Gewölbe entstand. Bei der Arbeit kam er ordentlich ins Schwitzen und musste noch mehr essen als sonst. Auch seine Muskelpartien wurden immer beeindruckender.

Der zweite Weise wohnte in einer fruchtbaren Gegend mit kleinen Dörfern. Er war ein herzensguter Mensch und seine Nachbarn schätzten ihn sehr. Gerne wollten sie ihm beim Errichten des Gebäudes für den König helfen. Der Steinmetz brachte Material für das Fundament. Der Maurer Ziegel für die Wände. Der Zimmerer Balken für die Decke. Der Dachdecker Schindeln aus den Wäldern. Die Frauen Köstlichkeiten aus ihrer Küche. Wann immer möglich, trafen sich die Nachbarn, um an dem

Gemeinschaftswerk zu bauen. In den Pausen aßen und feierten sie, während die Kinder rundum spielten.

Der dritte Weise war ein kluger Denker. Er wusste, dass er weder die Kraft zum Hausbau hatte noch genügend Freunde, die ihm dabei helfen konnten. Also musste er sich etwas einfallen lassen, das ihn aus dieser Zwickmühle rettete. Er wohnte abseits in einer wässrigen Auenlandschaft und gerade war es Frühling geworden. Das Gehölz rundum erwachte zu neuem Leben. Der Ast einer umgebrochenen Weide schlug Wurzeln und eine Vielzahl grüner Knospen öffnete sich der Sonne entgegen. Da wusste der Weise, was er zu tun hatte: Die Natur selbst würde sein Haus bauen! Er schnitt Äste vom Baum ab und steckte sie kreisförmig in den feuchten Boden. Den Stecklingen gefiel es an der ausgesuchten Stelle. Schon bald sprossen die ersten Blätter und mit der Zeit entstand eine dichte, grüne Wand. Der Weise flocht die neu gebildeten Äste sorgsam ineinander. Den Rest der Zeit verbrachte er mit Träumen.

Nach drei Jahren unternahm der König mit seinem Hofstaat die angekündigte Reise. Zuerst ritten sie in die karge Granitlandschaft und bestaunten das Steinhaus des ersten Weisen. Es strahlte Stabilität und Geborgenheit aus und schien ein wunderbarer Zufluchtsort zu sein, wenn die Herbststürme über die Landschaft fegten. Der König seufzte leise, als er die mächtigen Muskeln des Baumeisters sah. Verstohlen betastete er seine eigenen Oberarme, die durch das viele Sitzen schlaff von seinem Rumpf hingen.

Dann reiste der Hofstaat weiter zum Haus des zweiten Weisen. Dort wartete schon die ganze Dorfgemeinschaft gespannt auf den König, denn er sollte das Gebäude feierlich eröffnen. In den Wochen davor hatten die Frauen gebacken und gekocht, um dem hohen Besuch ein würdiges Fest zu bereiten. Der König war beeindruckt von dem Zusammenhalt der Menschen. Da könnte sich sein intriganter Hofstaat ein Beispiel nehmen!

Fröhlich machten sich nun alle auf in die Auenlandschaft, wo der dritte Weise wohnte. „Wo ist nun sein Haus?", fragte der König ungeduldig. „Er hat es wohl nur in Gedanken gebaut", witzelten ein paar Höflinge. Doch sie standen bereits davor, die Außenwände konnte man kaum vom Blätterwerk der umgebenden Birken, Weiden und Erlen unterscheiden. Die Stecklinge waren zu jungen Bäumen herangewachsen und ihre eng ineinander geflochteten Äste umschlossen den kreisrunden Innenraum vollständig. Dem Himmel zu war eine Kuppel entstanden, die nur stellenweise ein paar Sonnenstrahlen hindurchließ. Der Weise bat nun den König, sich auf die vorbereitete Matte in der Mitte des Raumes zu legen, um sich etwas von den Strapazen der Reise auszuruhen. Verwundert folgte dieser dem Rat und wurde schon bald durch das sanfte Rauschen der Blätter in den Schlaf mitgenommen. Im Traum sah er sich selbst als Jüngling voller Tatenkraft. Er feierte gerade mit seinen Freunden, nachdem er zuvor eine kniffelige Rechenaufgabe gelöst und im Speerwerfen Erster geworden war.

Erfrischt wie ein Kleinkind erwachte der König und trommelte sogleich seinen Hofstaat zusammen. Er hatte seine Entscheidung getroffen und sprach: „Liebe Untertanen! Drei wunderbare Häuser haben wir gesehen: einen steinernen Zufluchtsort, geschaffen durch Schweiß und Muskelkraft für Zeiten, in denen wir Schutz brauchen. Ein warmherziges Gemeinschaftshaus, realisiert mithilfe eines ganzen Dorfes. Und ein Haus zum Träumen, entwickelt durch Gedankenkraft und gute Beobachtungsgabe. Ich möchte keine der drei Qualitäten missen. Auch wir Menschen bestehen aus Bauch, Herz und Kopf. Ich verfüge daher, dass wir die Erziehung unserer Jugend auf diesen drei Säulen gleichberechtigt aufbauen: Ertüchtigung des Körpers, Herzensbildung und Geistesschulung!" Dann kehrte der König zufrieden zurück und regierte noch lange und in Eintracht mit seinen Untertanen.

Māngari

Die Scheidung war sehr schmerzhaft gewesen. Fünf-
undzwanzig gemeinsame Ehejahre, drei prachtvolle
Kinder und ein gemeinsam gebautes Haus – doch
Kerstin und ihr Mann hatten sich einfach auseinandergelebt. Kerstins Ex war Professor an einer Uni, ein
gefragter Mann in seinem Fachgebiet. Kerstin selbst
war Hausfrau, hatte die Kinder großgezogen, Geburts-
tagsfeste ausgerichtet und das Heim wohnlich gestaltet. Gleichzeitig hatte sie ihrem Mann in allen Dingen
den Rücken freigehalten. Mit der Scheidung war ihr
Lebensinhalt auf einen Schlag weg gewesen. Kerstin
fragte sich, welche Rolle sie noch spielte. Welchen Sinn
ihr Leben noch hatte.

Um das herauszufinden, flog sie nach Neuseeland.
Es war ihre erste Reise ganz alleine. Sie mietete sich
ein kleines Auto und ließ sich treiben. Von Gästehaus
zu Gästehaus, von Strand zu Strand. Dabei versuchte
Kerstin, wieder einen Zugang zu bekommen zu dem,
was *sie* wollte. Was sie selbst ausmachte. Besonders fasziniert war sie von den alten, großen Bäumen. Sie hatte
das Gefühl, dass sie zu ihr sprachen. Dass sie von ihnen
gerufen wurde. So begann sie ihre Reise von den Bäumen
leiten zu lassen und von dem, was ihr die grünen Riesen
zuflüsterten.

Eines Tages lehnte sie versunken am Stamm eines
alten Urwaldbaumes, als zwei kleine Frauen des Weges kamen. Es waren dunkelhäutige Maori mit eigen-
tümlichen Tattoos im Gesicht. Zuerst erschrak Kerstin.
Doch die Maorifrauen lächelten sie an und deuteten ihr

mitzukommen. Sie führten sie zu einer einfachen Holzhütte im Wald, reich mit Schnitzereien verziert. Es war ein „Wharenui", ein traditionelles Versammlungshaus der Ureinwohner. Schüchtern betrat Kerstin den Innenraum. Ein paar Maori saßen am Boden und sangen. Sie setzte sich dazu. Mit der Zeit führte sie der meditative Klang der Stimmen in eine leichte Trance. Sie schloss die Augen und Bilder aus vergangenen Zeiten tauchten vor ihrem geistigen Auge auf: ihre Jugend, die Geburt der Kinder, der Hausbau, die vielen Familienfeste. Dann sah sie das Auseinanderfallen ihres bisherigen Lebens, das Alter, ihre Einsamkeit. Plötzlich hatte sie das Gefühl, als ob sich der kleine Versammlungsraum aufblähte und riesengroß würde. Eine Gruppe von Maorimännern und -frauen versammelte sich um sie. Jemand setzte ihr eine Krone aus Blättern auf. Gab ihr einen geschnitzten Stab in die Hand. Die Spannung stieg. Etwas wurde von ihr erwartet. Kerstin bemerkte, wie sie tief Luft holte. Dann floss ein wunderbarer Gesang aus ihrer Lunge, durch die Luftröhre und den Mundraum bis nach draußen. Brachte die Wände der Hütte zum Schwingen, die Dachbalken zum Tanzen, die Gesichter der Maori zum Leuchten. Und die Bäume rundum raschelten dazu im Wind. Es schien, als ob die Töne nicht nur aus ihr kämen, sondern direkt aus der Mitte des Kosmos. Ein unbeschreibliches Glücksgefühl überflutete sie. Plötzlich wechselte die Szene. Sie sah sich selbst neben einem großen Seminarhaus stehen, mitten in der Natur. Eine Gruppe von Menschen stand im Kreis und feierte ein Fest. Und Kerstin war die Hüterin des Platzes, das spürte sie genau. Sein Name war „Māngari".

Der Gesang wurde nun leiser und verebbte ganz. Kerstins linker Fuß war eingeschlafen. Vorsichtig bewegte sie die Zehen, dann öffnete sie die Augen. Draußen war es bereits dunkel geworden. Sie befand sich ganz alleine in dem Wharenui. Wo waren die anderen Maori geblieben? Kerstin zitterte etwas, so bewegt war sie von der Vision, die sie gerade erhalten hatte. Das war also ihre Aufgabe für die zweite Lebenshälfte: Sie würde daheim ein Seminarzentrum aufbauen! Und es sollte „Māngari" heißen. Kerstin fühlte sich so beschenkt, dass ihr die Tränen über die Wangen liefen.

Sofort buchte sie einen Flug zurück in die Heimat. Jetzt hatte sie viel vor: den richtigen Platz für ihr Seminarhaus zu finden. Vielleicht auch andere Menschen, die sich an ihrer Vision beteiligten. Sie verkaufte das Haus, in dem sie ihre Kinder großgezogen hatte, und legte den Erlös in der Firma eines Bekannten an. Es sollte sich um gute Zinsen vermehren, denn ihr neues Seminarhaus würde sicher nicht billig werden.

Zwei Jahre zogen ins Land, während Kerstin eifrig die Inserate der Immobilienzeitungen studierte. Sie fuhr die ganze Gegend ab, doch einen passenden Ort fand sie nicht. Jeden Tag setzte sie sich auf ihren Meditationspolster und visualisierte ihr Seminarhaus. Denn Kerstin hatte gelesen: Was man innerlich klar fokussiere, das manifestiere sich früher oder später auch im Außen. Man müsse dem Universum die eigenen Wünsche nur richtig mitteilen.

Doch es ging nichts weiter und Kerstin wurde immer deprimierter. Dann kam die Meldung ihres Bekannten: Seine Firma war bankrott gegangen und Kerstins Geld für immer verloren. Es riss ihr den Boden unter den Füßen weg. Wie konnte das passieren? In Neuseeland hatte sie doch einen klaren inneren Auftrag erhalten. Ihre Bestimmung gefunden! Und jetzt das! Dazu lief noch der Vertrag von Kerstins Mietwohnung aus, die sie sich zwischenzeitlich genommen hatte. Kein Geld, kein Seminarhaus, nicht einmal ein Platz zum Wohnen.

Eine Freundin hatte Mitleid mit ihr und bot Kerstin ein Zimmer in ihrem Bauernhof an. Vorübergehend, bis sich etwas Neues für sie auftäte. Kerstin packte ein paar Habseligkeiten und zog in das angebotene Zimmer. Den Rest ihrer Sachen brachte sie in einer Garage unter. Sie hatte ihr Ziel verloren, also ließ sie sich wieder treiben. Machte viele Spaziergänge in der Natur und sang dabei zum Zeitvertreib. Die Lieder dachte sie sich selbst aus. Meistens fiel ihr eine Melodie ein, wenn sie unter einem Baum saß und durch das Laubwerk in den Himmel schaute. Ihrer Freundin gefielen die Lieder, sie fand sie beruhigend. Also sangen sie oft zu zweit. Als zu Silvester eine größere Runde zusammenkam, wurde natürlich auch musiziert. Alle waren begeistert von Kerstins Liedern. Es sprach sich herum und schon bald begann Kerstin, Liederabende am Bauernhof zu veranstalten. Damit Besucher auch über Nacht bleiben konnten, renovierte ihre Freundin weitere Zimmer. An einem dieser Liederabende erzählte Kerstin von ihrer Vision damals in Neuseeland. Und wie traurig sie darüber gewesen war, dass sich diese wohl nie mehr erfüllen würde. Da hob eine Teilnehmerin die Arme und deutete in den Raum: „Māngari, das ist doch ein toller Name für dieses Bauernhaus!"

Der Leuchtturm

Celina hatte bereits zwei Selbstmordversuche hinter sich. Sie betrachtete ihr Leben als gescheitert. Denn das, was sie sich als Aufgabe vorgenommen hatte, war niemals zu schaffen. Mutlos saß sie am Bahnhof und wartete auf ihren Zug nach Hause. Noch zwanzig Minuten. Ein Mädchen mit langem geflochtenem Zopf setzte sich neben sie. Nach einer Weile sprach es Celina an: „Warum schaust du so traurig?" Celina reagierte kaum, fühlte sich zu erschöpft. Sie war Sozialarbeiterin geworden, um Menschen zu helfen, ihr Leben zu bewältigen. Und jetzt wurde sie bald selbst zum Sozialfall.

„Hat dich jemand gekränkt?", hakte das Zopfmädchen nach.

Celina dachte, dass das Leben selbst eine Kränkung sei. Sie saß als alleinerziehende Mutter mit einem Kleinkind isoliert zu Hause. Der Vater ein Flüchtling, den sie durch die Heirat vor der Abschiebung hatte retten wollen. Alle Energie und ihr Geld hatte sie in diesen Mann gesteckt, doch eigentlich liebte sie ihn gar nicht. Er war aggressiv, verurteilte ihre liberale Weltanschauung und kontrollierte jeden ihrer Schritte. Celina hatte oft versucht, sich von ihm zu lösen. Aber nur halbherzig, das musste sie zugeben. Denn sie wollte dem Kind nicht den Vater nehmen. Wenn sie sich jetzt scheiden ließe, wäre seine Abschiebung unausweichlich. Eine unlösbare Situation, es raubte ihr die Energie.

„Vielleicht kann ich dir helfen?", schlug das Mädchen vor.

Helfen … das war ja das Problem. Ihr ganzes Leben lang hatte Celina versucht, anderen zu helfen. Mit großem persönlichem Einsatz. Um dann hoffnungslos zu scheitern. An ihren eigenen begrenzten Möglichkeiten, an den gesetzlichen Rahmenbedingungen, an der Schwäche und Undankbarkeit ihrer Schützlinge. „Warum hängst du dich auch immer persönlich hinein?", fragten ihre Arbeitskollegen. „Zieh eine Grenze zwischen Beruf und Privatem, sonst machst du dich noch kaputt." Doch ihre Arbeitskollegen hatten keine Ahnung, was Celina innerlich antrieb. Niemand verstand sie.

„Wenn mich etwas bedrückt, dann erzähle ich es immer jemandem. Das macht das Herz leichter", meinte das Mädchen.

Da brach es aus Celina heraus, ihr lange gehütetes Geheimnis. Sie müsse anderen helfen, weil sie doch ein Leuchtturm sei. Das habe ihr ein Traum mitgeteilt, als sie ungefähr so alt war wie das Mädchen, das jetzt neben ihr saß. Dieser Traum bestimme seither ihr Leben, an ihm richte sie alle ihre Entscheidungen aus. Damals habe sie eine Landzunge im Meer gesehen. Am Ende der Klippe sei einsam der Leuchtturm gestanden, rotweiß-rot gestreift. Rund um ihn hätten die aufgewühlten Wasser getost. Weiße Gischt war hoch über die zerklüfteten Felsen gestoben und habe sein Fundament umspült. Doch der Leuchtturm sei unbeeindruckt gewesen. Sei seelenruhig mitten in dem Inferno gestanden. Oben habe verlässlich seine Laterne in der Dunkelheit gebrannt und den herankommenden Schiffen den sicheren Weg in den Hafen gewiesen. Ein großes Glücksgefühl habe Celina damals erfasst. Denn sie habe verspürt: Sie sei dieser Leuchtturm! Das sei ihre Lebensaufgabe.

„Und seither versuche ich, diesem Traum zu folgen. Und den Menschen durch die Untiefen des Ozeans zu helfen", sagte Celina zu dem Mädchen. „Doch ich scheitere ständig. Es gelingt mir einfach nicht, alle Menschen in Not zu retten."

Das Mädchen schaute sie verwundert an. Der Zug fuhr schon ein. Die Kleine schnappte sich ihr Köfferchen und rief noch schnell über die Schulter: „Aber du bist doch der Leuchtturm – und nicht das Rettungsboot!" Dann hüpfte sie eilig davon.

Celina blieb wie verdattert zurück: kein Rettungsboot, sondern der Leuchtturm.

In den folgenden Wochen hatte sie einiges zu tun. Zuerst regelte Celina ihre unglückliche Beziehung neu. Der Vater ihrer Tochter übersiedelte in eine Wohngemeinschaft. Celina bewarb sich um ein Selbsterhalterstipendium, studierte Jura in Rekordzeit und wurde Richterin. Sie war beliebt, weil sie auch in schwierigen Fällen klar und unbestechlich blieb. Gleich einem Leuchtturm in der Brandung.

Friedhof unter Farnen

Wo war Rachel bloß? Hatte sie sich wieder zum Spielen in die Toilette zurückgezogen? Dabei gab es in der Villa doch wirklich genügend adäquatere Räume! Frau Rosental stand ächzend auf und ging nachsehen. Mit ihren fünfundachtzig Jahren war sie noch immer eine imposante Gestalt. Den Rücken hielt sie aufrecht, der Blick war direkt und an dem Unterton in ihrer Stimme erkannte man, dass sie früher einen großen Haushalt dirigiert hatte. Wenn bloß nicht diese ständigen Kopfschmerzen wären, sie machten ihr das Leben schwer.

Vorsichtig blickte sie durch den Türspalt in die Toilette. Da saß die Kleine am Boden und hatte die Menora, den siebenarmigen Leuchter aus dem Wohnzimmer, neben sich gestellt.

„Rachel, meine Kleine", sagte Frau Rosental verwundert, „was machst du denn da? Komm zu mir in die Küche, es gibt Apfelstrudel!"

Rachel brauchte eine Weile, um aus ihrer Welt aufzutauchen. Dann sah sie die Urgroßmutter mit unergründlichem Blick an und sagte: „Mathel möchte wissen, wie es dir geht."

Mathel? Frau Rosental hielt erstaunt inne. Das war doch der Name ihrer verstorbenen Mutter. Sie hatte schon lange nicht mehr an sie gedacht.

„Deine *mame* sorgt sich um ihr *mejdl* und ihren *jingele*[8]. Sie musste doch damals in den Zug steigen und konnte sich nicht mehr von euch verabschieden. Das hat sie so traurig gemacht."

---

8   Deine Mama sorgt sich um ihr Mädchen und ihren Jungen.

Frau Rosental sank betroffen auf den Toilettensitz: *mame – mejdl – jingele* ... Es war lange her, dass in der Familie Jiddisch gesprochen worden war.

„Woher weißt du von Mathel, meine Kleine?", brachte Frau Rosental hervor.

„Aber Uroma, sie steht doch neben dir!"

Frau Rosental hielt nichts von Spiritismus. Und alles Religiöse war für sie sowieso tabu, seitdem fast die gesamte Familie in den Gaskammern umgekommen war. Mathel war damals mit Onkel Mosche und Papa Esra ins Lager gekommen. Frau Rosental war noch ein Kind gewesen und hatte mit ihrem Bruder von Weitem zugesehen. Sie waren alleine zurückgeblieben.

„Komm, wir gehen mit Mathel jetzt nach draußen zu den anderen!" Rachel nahm einen großen Flusskiesel und drückte ihrer Urgroßmutter den siebenarmigen Leuchter in die Hand. Gemeinsam stapften sie in den hinteren Teil der Gartenanlage, ein wildes Gelände, das der Gärtner der Familie sich selbst überließ. Hier wucherten Farne, Gräser und Schachtelhalme. Neben einem großen Baumstumpf hatte Rachel verschiedene Flusskiesel auf dem Boden angeordnet. „Das sind ihre Grabsteine. Einer für Esra, einer für Mosche, einer für Lana ... Ich habe sie alle hierhergetragen. Und der neue hier ist für Mathel."

Frau Rosental wusste nicht, was sie zu all dem sagen sollte. Über acht Jahrzehnte hatte sie schon gelebt, doch so etwas war ihr noch nicht passiert! Mit zittrigen Knien ließ sie sich auf dem Baumstumpf nieder, sah ihrer Urenkelin zu und fühlte sich plötzlich wieder selbst wie ein Kind. Ja, damals war sie etwa in ihrem Alter gewesen, als der große Schrecken begonnen hatte. Eine furchtbare

Zeit, die sie seither erfolgreich verdrängt hatte. Doch es hatte auch gute Stunden darin gegeben, das ließ sich nicht leugnen. Inmitten all des Grauens war sie auch auf Güte und sanftmütige Menschen gestoßen. Und hatte Freundschaften geschlossen, die ein Leben lang hielten. Plötzlich schien es ihr, als ob sie etwas von innen wärmte, die Halsmuskeln entspannte und die Falten auf ihrer Stirne glättete. Spontan wandte sie sich an ihre Urenkelin und bat: „Erzähle Mathel, dass es mir jetzt gut geht. Dass wir eine große *mischpuche*[9] geworden sind. Und dass wir die Villa zurückbekommen haben." Rachel nickte ernst. Da begann der Körper der alten Dame zu zucken und zu beben. Tief innen entstand ein Schluchzen. Ganz leise, kaum zu hören. Rachel nahm die Hand ihrer Urgroßmutter und streichelte über die papierene Haut. „Deine *mame* sagt, dass sie große *frejd* hat, weil jetzt alle *zures*[10] vorbei sind. Sie schickt dir noch viele *kisch*[11]."

Frau Rosental nickte stumm. Dann sah sie auf die Flusssteine rund um den Baumstumpf. Es war ein wunderschöner Friedhof mitten unter den Farnen. Langsam ging sie mit Rachel wieder zurück zum Haus. Etwas war jetzt anders. Ach, die Migräne war weg! Sie seufzte erleichtert auf. Und in der Küche wartete noch der Apfelstrudel.

---

9 Familie
10 Leid
11 Küsse

Der Brief

Am Morgen wurde in der Erlenstraße die Post ausgetragen. Diesmal war für jeden Haushalt ein großer, weißer Brief dabei. Ohne Absender. Folgendes spielte sich in den Köpfen der Anrainer ab, als sie den Brief entgegennahmen:

Frau Mahler in der großen Villa: „Sicher von den neuen Nachbarn. Wird auch Zeit, dass die mich einmal einladen!"

Max Körner im kleinen Haus daneben, ganz aufgeregt: „Bitte, bitte! Lass ihn diesmal von Marie sein!"

Dr. Bauer vom Haus am Eck mit zittriger Hand: „Verdammt! Wieder so ein Drohbrief von einem unzufriedenen Patienten. Ich halte das langsam nicht mehr aus!"

Frau Meier voller Hoffnung: „Vielleicht schickt mir Franzi Geld für die Miete."

Ihre Nachbarin, Frau Panzer, bereits am Weg zum Mistkübel: „Bettelbrief, bestimmt von der Caritas oder dem Roten Kreuz!"

Kurt Wiedner von schräg vis-à-vis zu sich selbst: „Ganz vorsichtig öffnen, mein Lieber. Das Kuvert kannst du gut noch einmal verwenden."

Hofrat Brunner mit trübsinniger Stimme: „Wenn das wieder ein Todesfall ist, dann habe ich gar keine Freunde mehr."

Die Haushälterin von nebenan mit schneller Geste: „Ist zwar nicht für mich, ich schau trotzdem mal nach. Vielleicht ein Werbegeschenk."

Der Brief war von der Gemeinde und enthielt eine Umfrage zum Thema „Wohnzufriedenheit im Bezirk".

Tag X

Es war ein guter Tag für Harald. Heute konnte er die Zehen an seinem rechten Fuß wieder bewegen. Dafür hatte er hart geübt mit seinem besten Trainingspartner, dem kleinen Ben. Harald war von klein auf ein Bewegungsmensch gewesen: schwimmen, Ski fahren, Volleyball, Rad fahren. Ja, besonders das Radfahren hatte es ihm angetan. Er übte Stunts auf seinem Bike am Bahnhofsvorplatz so lange, bis eine Agentur auf ihn aufmerksam wurde. Schnell wurde er Mitglied des Kaders und man setzte ihn für viele Actionfilme ein. Besonders dort, wo es wirklich gefährlich wurde. Denn Harald liebte den Nervenkitzel.

Dann wurde seine Freundin unverhofft schwanger und sprach nur mehr von einem gemeinsamen Leben zu dritt. Doch Harald war ein Freigeist. Er wollte kein bürgerliches Leben. Und schon gar nicht die Verantwortung für ein Kind! Aus Trotz ging er bei seiner Arbeit noch mehr Wagnis ein. Bis er es übertrieb. Es war nur eine kleine Unachtsamkeit gewesen und Harald stürzte ab. Zehn Meter von einem Felsen, im freien Fall. Unten befand sich dichtes Gras, das ihm das Leben rettete. Das einen Teil der Wucht abmilderte. Trotzdem sei es ein unwahrscheinliches Glück, sagten die Ärzte, dass er noch lebte. Glück? Harald war anfangs gegenteiliger Meinung gewesen. Die Wirbelsäule fünffach gebrochen, beide Sprunggelenke zertrümmert. Das Wadenbein zersplittert.

In den ersten Wochen nach dem Tag X wurde Harald ständig operiert. Er müsse sich auf ein Leben im

Rollstuhl einstellen, meinten die Ärzte. Sofern alles gut gehe. Sonst … Harald war mehr nach „sonst … zumute. Er war buchstäblich am Boden zerstört. Man brachte ihn in eine Rehabilitationsklinik. Von Kopf bis Fuß eingegipst. Ein hilfloser Invalide. Gleichzeitig wuchs der Bauch seiner Freundin in beängstigendem Ausmaß. Er wollte sie gar nicht mehr sehen. Was sollte das Kind bloß mit einem verkrüppelten Vater anfangen?

Zwei Monate nach dem Tag X kam Ben zur Welt. Er hätte es nicht für möglich gehalten, doch für Harald veränderte sich damit alles. Dieses kleine Wesen, beinahe so hilflos wie er selbst, wurde zu seinem Jungbrunnen. Harald wollte Ben ständig sehen. Allein der Blick auf diesen unversehrten, makellosen Körper gab ihm Mut und Kraft zu leben. Er sah ihm zu, wie er sich bewegte, ihm seine Arme mit den winzigen Fingern entgegenstreckte. Seine Beinchen, die Ben oft wie ein kleiner Käfer abgewinkelt in der Luft hielt. Jede Bewegung schien tief drinnen in seinem Bauch anzufangen und sich wie eine Welle bis zu den Körperspitzen auszubreiten. Wie in östlichen Kampfsporttechniken, dachte Harald, wo doch auch jeder Impuls aus dem Kraftzentrum im Unterleib kommen sollte. Ganz erstaunlich fand er auch Bens Gesicht, das innerhalb kürzester Zeit die unterschiedlichsten Regungen zeigen konnte. Gleich dem Wettergeschehen in den Bergen: Nebel, Gewitter, gleich darauf Sonnenschein.

In den endlosen, einsamen Stunden versuchte Harald die Bewegungen seines Sohnes zu kopieren. Er stellte sich vor, dass er selbst ein Neugeborenes wäre. So lernte er seinen eigenen, geschundenen Körper Schritt für Schritt neu kennen. Versuchte sanfte Wellen entstehen zu lassen, ein leichtes Vibrieren, kleinste Kreise. Natürlich kam er sich dabei blöd vor! Doch was sollte er sonst tun? Alles hinschmeißen, sich selbst bejammern und depressiven Gedanken nachhängen? Nein, schon alleine für seinen Sohn durfte er nicht aufgeben!

Und immer wenn er wieder verzweifelte, kam seine Freundin mit Ben zu Besuch. Dann betrachtete er seinen wunderbaren Sohn, der mittlerweile schon ganz spielend den Daumen lutschen konnte oder die Zehen in den Mund stecken. Und seinen Kopf heben. Diese Fortschritte spornten Harald an, bis auch er wieder seinen Kopf bewegen konnte.

Nach fünf Monaten schaffte es Ben, sich vom Bauch auf den Rücken zu drehen. Auch Harald waren bereits kleine Drehbewegungen möglich. Ganz vorsichtig begann er, seinen Bewegungsradius auszudehnen. Die Ärzte waren erstaunt über seine Fortschritte. Konnten nicht glauben, dass seine Muskeln trotz der langen Bettlägerigkeit so kräftig geblieben waren.

Nach zehn Monaten begann Ben, sich am Eisengestell des Krankenbettes hochzuziehen und auf- und niederzuwippen. Auch Harald ging bereits selbstständig auf die Toilette. Mit bedachten Schritten, die der Mitte seines Körpers entsprangen. Die Ärzte sprachen von einem medizinischen Wunder.

Ein Jahr nach Tag X konnten Harald und Ben bereits gemeinsam einem Ball hinterherlaufen. Früher war der Körper für Harald bloß ein Mittel zum Zweck gewesen. Jetzt empfand er ihn als Kunstwerk. Durch das monatelange, nervtötende Liegen im Krankenhausbett hatte er genug Zeit gehabt, sich präzise in die verschiedenen

Körperteile hineinzudenken. Er war mit seiner Aufmerksamkeit wieder und wieder durch seine gebrochenen Knochen gewandert. Hatte geistig seine Gelenke geschmiert und gelernt, seine Muskeln und Nervenbahnen gezielt zu aktivieren. Und zu entspannen. In seiner Vorstellung war er seine schönsten Mountainbiketouren gefahren, hatte Flüsse durchschwommen und stundenlang mit Ben Volleyball gespielt. Dass sein mentales Training solch positive Heilerfolge nach sich ziehen würde, war nicht nur für Harald eine Überraschung. Auch Nachbarn, Arbeitskollegen und Mitarbeiter aus dem Spital wurden neugierig. Harald begann, Vorträge zu halten, und machte mit seinem Beispiel anderen Patienten Mut. Die Kraft des Geistes hatte tatsächlich Unmögliches möglich gemacht.

Der Bauer mit der Krone

Pakka machte sich Sorgen. Der kleine Tayo war so lethargisch, er kam in der Schule nicht mehr mit. Dabei war ihm gerade dieser Schüler anfangs so aufgeweckt erschienen! Pakka grub seine Zehen in den sandigen Boden und dachte nach. Da kam ihm eine Idee, einen Versuch wäre es wert. Pakka kramte aus seinem Verschlag das alte Schachbrett hervor. Dann rief er nach Tayo und erklärte ihm das Spiel. Der Junge lernte blitzschnell. Als es Abend wurde, hatten die beiden bereits mehrere Runden gespielt. Und Tayos Augen leuchteten wie schon lange nicht mehr.

Am nächsten Tag setzte Tayo den alten Pakka zum ersten Mal schachmatt. Bald schon spielte der Junge gegen sich selbst, da er im Dorf keinen ebenbürtigen Gegner fand. Pakka musste sich also etwas Neues ausdenken, um das hungrige Blitzen in Tayos Augen zu befriedigen. Er erklärte ihm alle Buchstaben auf einmal und gab ihm seine eigenen Lehrbücher. Das würde Tayo einige Monate beschäftigen, doch was dann?

Pakka rief die Dorfältesten zu sich. Er sagte: „Tayo ist wie ein Löwe, der unter Katzen aufwächst. Irgendwann wird dem Löwen das Haus der Katzen zu klein werden. Wir können ihm einreden, dass er eine Katze sei. Dann wird die Kraft seiner Seele schwach bleiben. Oder sie wird wütend und frisst die anderen Katzen auf." Die Dorfältesten schauten Pakka an und fragten, was er nun vorschlüge. „Wir müssen ihn in die Stadt bringen!" So legten die Dorfbewohner ihr Erspartes zusammen und schickten Tayo aufs Gymnasium.

Einige Jahre vergingen. Das Leben im Dorf wurde immer schwieriger, da der Fluss so wenig Wasser führte. Die Fische starben aus und es gab nicht genug Feuchtigkeit für die Felder. Eines Tages kam ein Bote und erzählte den Stammesältesten, dass Tayo daran schuld war. Er hätte dem König Erfindungen gebracht, die das Wasser aus dem Fluss stahlen. „Also wird der Löwe die Katzen doch noch fressen!", beklagten sie.

Da machte sich Pakka auf den Weg zum Königspalast in der Stadt. Die Wachen wollten dem alten, staubigen Mann zunächst keinen Einlass gewähren. Da holte er eine kleine Figur aus seinem Wanderbeutel, einen Bauern aus dem alten Schachspiel. Den sollten sie Tayo zeigen. Kurze Zeit später durfte Pakka die prunkvollen Gemächer der königlichen Berater betreten. Tayo lief ihm freudvoll entgegen. Er war zu einem Mann herangewachsen, eine aufrechte Gestalt mit wachsamem Blick. Sie umarmten sich. Dann sagte Pakka: „Deine Erfindung nimmt unserem Fluss das Wasser. Die Kinder hungern." Tayo reagierte verstimmt, er hatte von seinem alten Lehrer eigentlich ein Lob für seine Leistungen erwartet. Herausfordernd hielt er die Schachfigur hoch und sagte: „Ein guter Schachspieler opfert seine Bauern, um den König zu schützen." Pakka hielt seinem Blick stand. Dann erwiderte er leise: „Ein guter Schachspieler lässt sich etwas einfallen, das den König und die Bauern schützt." Dann machte er kehrt und wanderte zurück in sein Dorf.

Im nächsten Jahr führte der Fluss wieder so viel Wasser wie in alten Zeiten. Und damit kam der Wohlstand zurück. Ein Bote besuchte die Stammesältesten und erzählte, dass Tayo dahinterstecke. Dank neuer

Erfindungen brauche der König für seine Felder kein Flusswasser mehr zu entnehmen. Und für Pakka habe er noch etwas. Der Bote reichte ihm eine kleine Figur. Es war der Bauer aus seinem alten Schachspiel. Auf dem Kopf trug er eine kleine geschnitzte Krone.

Allgemeines zur Geisteskraft

Das deutsche Wort „Geist" leitet sich ursprünglich von der indogermanischen Wurzel *gheis-* ab, die *erschaudern* und *ergriffen sein* bedeutet. Der Begriff wird sehr vielschichtig verwendet und in der langen Geschichte der Philosophie haben sich die klügsten Denker mit ihm auseinandergesetzt – trifft er doch den Kern des Menschseins.

Im Alten Testament steht Geist (hebräisch *rûah*) für den Atem Gottes, der allen Geschöpfen Leben einhaucht. Im Mahayana-Buddhismus beschreibt er die absolute Wirklichkeit, die hinter dem Schleier der Erscheinungen *(māyā)* liegt. Im Kontext anderer Religionen wird Geist auch manchmal mit der Seele gleichgesetzt, jenem Teil des Menschen, der nach dem Tod im Jenseits weiterleben soll. Er kann auch als personifizierte Gottheit auftreten (zum Beispiel der Heilige Geist im Christentum) und natürlich in Form von Gespenstern in Gruselgeschichten.

Für den mittelalterlichen Philosophen Augustinus umfasst der Geist die Vernunft *(ratio)* und die Einsicht *(intelligentia)*, die beide für die Steuerung des Leibes wichtig sind. Descartes, der Begründer des Rationalismus, sieht den Geist als den immateriellen Teil der Wirklichkeit, den er konsequent von allem Stofflichen abtrennt. Aktuellere Strömungen in der Philosophie versuchten diesen strikten Dualismus wieder aufzuheben, indem sie den Leib selbst als einen lebendigen, aktiv wahrnehmenden Organismus beschreiben.

In der von Charles Darwin entwickelten Evolutionstheorie, die den Menschen als rein biologisches System sieht, ist der Geist nur ein Ergebnis körperlicher Prozesse.

Dadurch wird er zu einem Phänomen, das durch wissenschaftliche Methoden erfassbar sein müsste. Mittels moderner, bildgebender Verfahren versuchen Neurowissenschaftler nun seit Jahren, den Geist in bestimmten Regionen des Gehirns festzumachen. Sie untersuchen die neuronalen Aktivitäten von Versuchspersonen, während diese geistige Aufgaben lösen. Bislang konnten sie den Geist jedoch noch nicht dingfest machen.

Im Kontext dieses Buches verwende ich den Begriff „Geist" für jegliche Form des Denkens, Lernens, Wahrnehmens, Vorstellens, Beobachtens und Fantasierens. Wenn jemand viel „Geisteskraft" besitzt, dann kann er diese Tätigkeiten mit hoher Achtsamkeit und Konzentration ausführen. Er ist geistes-gegenwärtig, wachsam und dabei innerlich locker. Im Gegensatz dazu stellt sich in einem angespannten Zustand nur allzu oft ein „Tunnelblick" ein, der die eigene geistige Beweglichkeit, die Wahrnehmungsfähigkeit und das kreatives Denkvermögen erheblich einschränkt.

Denken kann spontan geschehen, ausgelöst durch Sinneseindrücke der Umgebung und der eigenen Innenwelt. Gedanken sind dann „Bewegungen" im Geist, absichtslos, oft unbewusst und ohne Anstrengung. Bei Stress verdichten sich diese gerne zu automatischen Gedankenschleifen, zu einem permanenten Kommentator: „Das ist gut, das ist schlecht ..." Diese Kopfgespräche enthalten kaum neue, kreative Inhalte, sondern gleichen mehr einer steten Wiederholung von Glaubensmustern aus vergangenen Erfahrungen (**„Der Brief"**).

Erscheinen im Geist unerwartet neue Ideen oder werden Zusammenhänge plötzlich sonnenklar, spricht man von einem Geistesblitz. Viele wichtige Erfindungen beruhen auf spontan auftretenden inneren Bildern und Gedanken. Zum Beispiel soll die bahnbrechende allgemeine Relativitätstheorie von Einstein durch einen Geistesblitz initiiert worden sein. Einstein hat diesen später als den „glücklichsten Gedanken seines Lebens" bezeichnet. Manchmal kann so ein inneres Bild viel Kraft generieren und über Jahre eine treibende Kraft werden. Weil es ein starkes Sinn- und Glücksgefühl auslöst, motiviert es den Menschen, sein ganzes Handeln nach der empfangenen Vision auszurichten. Neue, mutige Schritte werden dadurch ermöglicht. Wichtig zu wissen ist, dass sich solch innere Bilder ganz anders manifestieren können, als ursprünglich gedacht. Wer zu stark an der eigenen Interpretation seiner Vision hängt, steht sich damit leicht selbst im Weg und könnte neue Chancen verpassen („**Māngari**" und „**Der Leuchtturm**").

Kann sich ein Mensch spontan in die Beweggründe anderer eindenken, auch wenn er die Fakten nicht kennt, spricht man von Intuition oder Empathie. Intuitive Entscheidungen werden instinktiv getroffen. Aus dem Bauch heraus, ohne lange darüber nachzugrübeln.

Auf der anderen Seite kann das Denken natürlich auch aktiv und bewusst betrieben werden. Ein Gedanke wird dann konstruktiv und kontrolliert so lange weitergesponnen und analysiert, bis der Denker mit dem Resultat zufrieden ist. Komplexe Gedankenprozesse erfordern viel Konzentration und Willenskraft. Verschiedene Formen des Denkens sind für Erfindungen wichtig, wie Louis Pasteur (Begründer der Mikrobiologie) einmal sagte: „Der Zufall trifft nur einen vorbereiteten Geist."

Gehören uns unsere Gedanken? Für den Philosophen Gottlob Frege sind Gedanken nichts Subjektives, also kein Erzeugnis unserer eigenen seelischen Tätigkeit. Er sagt: „Das Denken ist nicht als Hervorbringen des Gedankens, sondern als dessen Erfassung anzusehen.“[12] Haben wir Menschen also bloß Antennen in eine gemeinsame „Gedanken-Cloud“, ohne die Gedanken selber zu besitzen? Hängt es von dem eingestellten „Sender“ unseres „Kopfradios“ ab, ob wir kreativere oder banalere Gedanken, konstruktivere oder destruktivere einfangen und verarbeiten (= denken)? Bemerkenswert ist jedenfalls, dass oft mehrere Menschen unabhängig voneinander, doch zur selben Zeit an der gleichen Erfindung arbeiten. Als ob die Idee gerade „in der Luft“ läge.

Gedanken hängen sehr stark mit unseren Gefühlen und dem Zustand unseres Körpers zusammen.

Depressive Gefühle und bedrückende Gedanken schwächen auf Dauer das Immunsystem und verspannen unsere Muskeln. Sie aktivieren unser Notfallprogramm: Kampf, Flucht oder Totenstarre. Beglückende Gefühle und fröhliche Gedanken steigern hingegen unsere Kreativität, Immunkraft und Resilienz (**„Tag X“**). Die Leistungen im modernen Spitzensport sind ohne Mentaltraining gar nicht denkbar.

Doch nicht nur der Geist wirkt auf den Körper, auch der umgekehrte Effekt wird von Studien belegt: Wenn ein Patient oftmals ein „fröhliches“ Gesicht macht und seine Mundwinkel hochzieht, wird er – auch wenn dies nur vorgetäuscht ist – ein positiveres Lebensgefühl und

---

12 Frege, Gottlob: Über Logik und Mathematik. S. 5, zitiert nach: Bochenski: Formale Logik, 2. Aufl., 1962, S. 336.

mehr Widerstandskraft erzielen. Wer hingegen gewohnheitsmäßig alles hängen lässt, wird sich mit der Zeit auch so fühlen. Deswegen kann man durch künstlich induzierte Heiterkeitsorgien beim sogenannten „Lachyoga" tatsächlich eine seelische Erleichterung und Besserung chronischer Schmerzen beobachten. Körper und Geist sind eben nicht zu trennen: »Mens sana in corpore sano.« (**„Drei Häuser für den König"**).

Viele spirituelle Traditionen gehen davon aus, dass wir mit Gedankenkraft unsere Umstände, unseren Charakter und damit unser Schicksal verändern können. In letzter Konsequenz sollen wir damit selbst verantwortlich dafür sein, ob unser Leben erfolgreich verläuft oder nicht. Ob wir krank sind oder gesund. Diesem Gedankengang liegt eine Alltagsbeobachtung zugrunde: Ein fröhlicher, lebensbejahender Mensch wird wohl leichter einen guten Job und neue Freunde finden als ein Griesgram. Positive Menschen ziehen positive Erlebnisse an. Trotzdem ist die Sache mit dem positiven Denken nicht so einfach, wie wir es gerne hätten. Sonst würden wir das doch alle praktizieren, schließlich möchte jeder Mensch glücklich sein. Der Strom der Gedanken lässt sich nicht so leicht kontrollieren. Oft werden durch positives Denken bloß unsere Schattenseiten verdrängt. Und diese melden sich dann bei unpassender Gelegenheit umso eindrücklicher zurück.

Was hat es nun mit den gesteigerten geistigen Kräften mancher Yogis und Meister auf sich (im Hinduismus und Buddhismus *siddhi* genannt)? Männer und Frauen, die auf Glut gehen können, ohne sich zu verbrennen. Die auf Nägeln schlafen. Die telepathische Fähigkeiten erlangen, Hunger und Durst überwinden oder andere Menschen heilen können. Offensichtlich wird das Entstehen von *siddhi* durch spirituelle Praxis begünstigt: Kontemplation, Entsagung, Fasten und Trance. Viele Überlieferungen machen jedoch besonders ehrgeizige Schüler darauf aufmerksam, dass solche „Attraktionen" selbst Stolpersteine auf dem geistigen Weg sein können. Denn das Ego liebt das Besondere und nährt sich davon. Daher wird ein reines Herz als wichtige Grundbedingung gesehen, damit paranormale Fähigkeiten mehr nützen als schaden.

Jeder Mensch wird sich im Laufe des Lebens seine eigene Meinung bilden, wie er zu paranormalen, geistigen Fähigkeiten steht. Tatsache ist, dass in unserer Welt viel mehr möglich ist, als uns das gängige wissenschaftliche Weltbild erklären kann. Mir passiert es beispielsweise oft während der schamanischen Arbeit in Räumen, dass ich plötzlich Einzelheiten über die Bewohner weiß, die mir zuvor nicht erzählt wurden. Ich rufe diese Informationen sozusagen aus dem „Feld" ab (**„Friedhof unter Farnen"**).

Viele Menschen kennen die Erfahrung, dass sie intuitiv wissen, wer soeben ins Zimmer getreten ist, obwohl sie der Person den Rücken zukehren. Oder dass sie an eine Freundin denken und im selben Moment klingelt das Telefon. Diese Phänomene gehören zu unserem Leben dazu. Sie sind eigentlich etwas ganz Normales, auch wenn sie rational (noch) nicht erklärbar sind. Wir alle sind eben auf subtilen, geistigen Ebenen miteinander verbunden.

7.
Freiheit

Fenster zum Tiger

Immer wenn Stefan sich wie ein kleines „Würstel" fühlte, gefangen und eingeengt in dieser Gesellschaft, dann ging er ihn im Zoo besuchen: den Tiger. Die größte Raubkatze der Welt. Wie er seinen geschmeidigen Gang bewunderte, die stolze Erhabenheit der Bewegungen, seine Eleganz und tödliche Kraft. Oft traf er ihn in der Mittagspause. Dann lehnte er an der Sicherheitsbrüstung und erzählte ihm in Gedanken von den Vorkommnissen im Büro. Derweil döste der Tiger mit halb geschlossenen Augen vor sich hin. Danach fühlte sich Stefan wie aufgeladen. Als ob es auch in ihm einen Tiger gäbe, der sich von seinem Chef nicht alles gefallen lassen musste.

Auch heute stand Stefan vor dem Gehege. Der Tiger lag schläfrig im Innenteil, während der Wärter die Außenanlage putzte. Stefan sah, wie er die verunreinigte Bodenfläche mit scharfem Wasserstrahl abspritzte und dann im hinteren Teil der Anlage verschwand. Das Gitter des Kanals ließ er derweil aufgeklappt. Stefan wunderte sich darüber, der Wärter war offensichtlich neu. Dann bemerkte er, dass die Verbindungstüre zwischen den beiden Gehegeteilen nicht ganz geschlossen war. Konnte das möglich sein? Er fokussierte seinen Blick darauf. Prompt wendete auch der Tiger seinen massigen Schädel in Richtung Türe. Während Stefan eins und eins zusammenzählte, hatte sich die Großkatze bereits erhoben, war lautlos durch die Öffnung geschlichen und in dem Kanalschacht verschwunden. Stefan blieb der Mund offen stehen. Er wollte schreien, doch heraus kam nur ein kleines Krächzen.

Hastig blickte er sich um: Es war Mittagszeit und keine weiteren Besucher in Sicht. Wohin führte der Kanal? Wahrscheinlich zur Kläranlage neben dem Fluss, am Ostende des Tierparks. Wo der Tiger jetzt bloß war … Während er noch überlegte, spürte er, wie sich sein Körper streckte und dehnte. Es fühlte sich so an, als ob er selbst durch eine dunkle Röhre sprintete. Hin zu einem Licht. Über den Rand des Beckens und mit einem großen Satz hinaus in die Freiheit. Freiheit – hier war alles groß und weit! Das Laufen belebte seinen Körper. Endlich, endlich füllten sich seine Lungen wieder richtig mit Luft. Er brüllte lustvoll und tauchte dann ein in das glitzernde Wasser des Flusses.

Stefan schüttelte sich, öffnete die Augen. Was war geschehen? Offensichtlich stand er noch immer an der Brüstung mit Blick in das leere Gehege. Sein Freund war ausgebrochen, befand sich jetzt wahrscheinlich in dem Flüsschen neben der Kläranlage. Stefan hatte keine Ahnung, warum er das wusste. Doch offensichtlich gab es eine Verbindung zwischen ihm und dem Tier. Was würde sein Freund als Nächstes tun? Neben dem Fluss gab es einen Kinderspielplatz und am frühen Nachmittag war dieser immer gut bevölkert. Würde er sich zur Jause ein kleines Mädchen schnappen? Stefan musste etwas unternehmen!

Wieder schloss er die Augen. Spürte, wie das kühle Wasser an seinem Fell abperlte. „Komm zurück", dachte er. Da war innerer Widerstand. So wunderbar nass und erfrischend fühlte sich das Schwimmen an. Stefan dachte wieder: „Lauf zurück nach Hause!" Er spürte, wie etwas in ihm widerwillig innehielt. Wie er seinen massigen

Schädel zum Ausgang des Kanals wendete, wie er langsam zurück durch die Röhre trottete. Schließlich nach oben sprang.

Stefan öffnete die Augen und sah ins Gehege. Da lag er, der Tiger, und blickte ihn an. In der Zwischenzeit hatte der Pfleger seine Arbeit im hinteren Teil der Anlage erledigt. Er schlenderte nach vorne und schloss den Kanaldeckel. Alles in bester Ordnung.

Stefan war hin- und hergerissen. Er hatte seinen Freund zurück in sein Gefängnis geholt. Wie ihm das gelungen war, wusste er selbst nicht. Doch er hatte ihm offensichtlich die Freiheit gestohlen. Andererseits bewahrte er ihn damit vor dem Schlimmsten. Denn irgendwann würde das Raubtier Hunger bekommen und der Hass der Bevölkerung auf tötende Tiere konnte gewaltig sein. Es war alles nicht so einfach.

Als Stefan am nächsten Tag seinen Freund besuchte, kam ihm eine Idee. Ein artgerechteres Gehege wäre doch ein Anfang! Er würde eine Facebook-Kampagne starten und den Menschen zeigen, welch gute Schwimmer Tiger eigentlich waren. In nächster Zeit stellte er herzerwärmende Videos ins Netz, in denen man die großen Katzen voller Vergnügen im Wasser plantschen sah. Das Allerschönste für die Stadt und ihre Bewohner wäre es doch, diese dabei im Zoo beobachten zu dürfen. Das musste man einfach gesehen haben! Die Videos erreichten in kurzer Zeit eine Menge Menschen, die wiederum Druck auf den Bürgermeister und die Zooleitung ausübten.

Die neue Tigeranlage mit künstlichem Fluss wurde in erstaunlich kurzer Zeit fertiggestellt. Besucher aus aller Welt stellten sich ein, um die große Raubkatze bei ihrem täglichen Wasserbad zu beobachten. Ein toller Erfolg! Trotzdem hatte Stefan ein schlechtes Gewissen. Durch ihn hatte sein Freund die Freiheit gegen ein First-Class-Gefängnis eingetauscht. Verlegen stand er an der nagelneuen Brüstung und sah dem Tiger zu, als er elegant durch das Wasser direkt auf ihn zuschwamm. Sie blickten sich an, etwas traf Stefan mitten in die Brust. Löste ein unbändiges Freiheitsgefühl in ihm aus. Plötzlich kam ihm wieder eine Idee: Der Tiergarten suchte doch einen neuen Pressesprecher. Am nächsten Tag klopfte Stefan bei der Geschäftsleitung an. Er bekam den Job. Durch das Fenster seines neuen Büros konnte er dem Tiger beim Schwimmen zusehen.

Finger auf der Borke

„Wie finde ich Freiheit?", fragte der Schüler den Meister. Dieser antwortete: „Wenn du deine Finger auf die Borke der großen Eiche legst." Der Schüler schaute verwirrt. Am nächsten Tag kam er wieder zum Meister und sagte: „Ich verstehe dich nicht. Was hat denn die Freiheit mit der Borke eines Baumes zu tun?" Da erzählte ihm der Meister die Geschichte von einem jungen Mädchen, das immer zur großen Eiche vor dem Haus lief, wenn es Kummer hatte. Dann legte es seine Finger auf die groben Furchen der Baumrinde und fühlte sich wunschlos glücklich und frei. Als die Jahre vergingen, wurde das Mädchen zur Frau. Dabei vergaß sie den Baum.

Die Frau hatte einen anstrengenden Beruf angenommen, der sie ganz in Anspruch nahm. Manchmal sagte sie zu sich selbst: „Ach, müsste ich bloß nicht so viel Zeit in der Firma verbringen, dann könnte ich mich frei fühlen." Eines Tages kam der Postbote und brachte ihr das Kündigungsschreiben. Die Frau seufzte erleichtert auf. Doch dann fiel ihr ein, dass sie jetzt keinen Lohn mehr bekommen würde. Sie sagte zu sich: „Ach, hätte ich nur genug Geld beisammen, dann könnte ich mich frei fühlen." In der nächsten Woche verstarb ihre Mutter und vermachte ihr ein schönes Vermögen. So wurde sie ihre Geldsorgen mit einem Schlag los. Doch sie meinte traurig zu sich selbst: „Ohne meine Mutter fühle ich mich so einsam. Ach, hätte ich nur mehr Freunde, dann könnte ich meine Freiheit genießen." Zum Begräbnis der Mutter kamen viele Angehörige. Sie sprachen der Frau ihr Beileid aus und luden sie zu sich nach Hause ein. Die

Frau freute sich. Doch weil sie nun ständig mit anderen aß, nahm sie stark an Gewicht zu. Ärgerlich sah sie sich im Spiegel an und meinte zu sich selbst: „Ach, wenn ich nur abnehmen könnte, dann würde ich mich wirklich frei fühlen." Am nächsten Tag bekam sie Schmerzen im Oberbauch. Sie ging zum Arzt und dieser machte eine Reihe von Untersuchungen. Schließlich teilte er der Frau mit, dass sie unheilbar krank sei. Sie werde stark an Gewicht verlieren und habe noch drei Monate zu leben. Die verbleibende Zeit solle sie gut nutzen für jene Dinge, die ihr wirklich am Herzen lagen. Plötzlich erinnerte sich die Frau an die große Eiche vor ihrem Haus. Sie lief hinaus, schlang ihre Arme um den furchigen Stamm und legte die Finger auf die Borke, wie sie es als Kind getan hatte. Die Rinde fühlte sich rau und warm an. Ein paar Ameisen krabbelten über ihre Hand. Es blieb nichts mehr zu tun oder zu erreichen. Alle Wünsche fielen von ihr ab, sie war frei.

Der Engel und die Rückenschmerzen

Drei Männer hatten starke Rückenschmerzen. Die Hexe hatte sie „geschossen", wie man im Volksmund so schön sagt. Die Männer waren gerade am Weg zum Arzt, als ihnen ein Engel begegnete. Der erste Mann sagte zum Engel: „Bitte hilf mir, dass ich meine Schmerzen loswerde!" Der Engel antwortete: „Du sitzt zu viel, deshalb ist deine Muskulatur verkürzt. Ändere deinen Lebensstil und deine Schmerzen werden verschwinden."

Dem zweiten Mann war dieser Rat zu anstrengend. Er sagte: „Lieber Engel, befreie mich von meinen Schmerzen, aber ohne dass ich etwas dafür tun muss!" Da fiel der Mann tot um.

Dem dritten Mann stand das Entsetzen ins Gesicht geschrieben. Er wollte seine Schmerzen los sein, aber doch nicht sein Leben! Also sagte er listig: „Lieber Engel, befreie mich von meinen Schmerzen, aber krümme mir dabei kein Haar!" Da gab ihm der Engel eine große Packung Betäubungsmittel mit auf den Weg.

Flieg, Schmetterling!

Befreiung war für ihn das höchste Ziel. Für seine Erleuchtung wollte er alles geben. Er beschloss, seinen Lebensstil zu ändern und regelmäßig zu meditieren. Das tat er auch sehr diszipliniert, doch Befreiung fand er so nicht.

Also kündigte er seinen Job und trat in ein Kloster ein. Seine Tage waren nun erfüllt von Gebet und Dienst an anderen Menschen. Doch Befreiung fand er so nicht. Also beschloss er, fortan auf jeglichen materiellen Komfort zu verzichten und als Bettelmönch durchs Land zu ziehen. Ganz der Gnade Gottes anheimgegeben. Doch Befreiung fand er auch so nicht. Musste er noch radikaler werden? Er zog in eine einsame Höhle im Gebirge, um auch allen menschlichen Kontakten zu entsagen. So wichtig war ihm sein Anliegen.

Doch wieder fand er keine Befreiung. Was konnte er denn noch loslassen? Die körperlichen Bedürfnisse. Er wollte sich auch aller körperlichen Bedürfnisse entledigen, hörte auf zu essen und zu schlafen. Lange Jahre saß er so in seiner Höhle und meditierte, hatte viele Visionen und erlangte erstaunliche Fähigkeiten. Doch Befreiung fand er so nicht. Denn immer wieder begegnete er nur sich selbst und seinem eigenen Gefangensein. Es war zum Verzweifeln.

Eines Tages saß er im Dämmerlicht seiner Höhle, als etwas auf seiner Schulter landete. Leicht wie eine Feder, es war ein Schmetterling. „Flieg!", sagte der Mann zu dem Tier. „Flieg hinaus in die Freiheit!" Doch der Schmetterling blieb auf seiner Schulter sitzen. Da erhob sich der Mann zum ersten Mal seit vielen Monaten und

wackelte vorsichtig zum Höhlenausgang. „Flieg doch!",
sagte er zum Schmetterling. Dieser rührte sich nicht. Da
trat der Mann ins Freie. Und nachdem sich seine Augen
an das Sonnenlicht gewöhnt hatten, kletterte er vorsichtig über den Felshang ins Tal. Es war Spätsommer und
ein Meer an Gräsern wogte im Wind. Insekten brumm-
ten um die bunten Blütenköpfe, nebenan gluckerte ein
Bach. „Flieg los, Kleiner. Du bist frei!", ermunterte er ihn
noch einmal. Doch der Schmetterling blieb ungerührt
auf seiner Schulter sitzen, bewegte bloß zart seine Flügel. Plötzlich erkannte der Mann, dass er auch in Freiheit
der Freiheit nachlaufen konnte. Und dass er dadurch ein
Gefangener seiner selbst wurde. Er ließ seinen Blick über
die Wiese schweifen. Und sah keinen Unterschied mehr
zwischen dem Gras, den Bienen, dem Schmetterling und
seinem Menschenkörper. Da waren kein Zaun, keine
Grenze, kein Innen und Außen. Bloß das eine große Leben – wild und frei! Der Mann holte tief Luft und stieß
einen langen, animalischen Schrei aus. Dann sprang er
auf der Wiese auf und ab und schlug Purzelbäume, ganz
ohne Grund. Im Dorf erzählte man sich später, dass die
Brunftzeit der Hirsche wohl bereits begonnen hatte.

Marten und der Tanz

Wladimir hatte es geschafft. Die Europatournee war ein großer Erfolg gewesen, die Spielstätten alle ausverkauft. Schon als Bub hatte Wladimir Tänzer werden wollen, hatte seine Augen nicht abwenden können von den grazilen Gestalten, die er im Fernsehen gesehen hatte. Er hatte nur den einen Wunsch gehegt: fliegen zu können wie diese beinahe körperlosen Wesen im Ballett. Dafür hatte er hart trainiert und war schließlich im Bolschoi-Theater aufgenommen worden, *der* Ballettschule Russlands. Das Training war brutal: blutige Zehen, überdehnte Gelenke, Verletzungen. Und dazu lächeln, immerzu lächeln.

Bald schon gastierte Wladimir in den größten Opernhäusern der Welt. Er tanzte und tanzte. Immer auf der Suche nach neuen Bewegungen, nach noch perfekteren Sprüngen. Um diese Schwerelosigkeit zu spüren, diese Freiheit. Dann schaffte er es, sich bei einer Tournee ins Ausland abzusetzen. Und lernte dort die faszinierenden Formen des zeitgenössischen Tanzes kennen: Contact Improvisation, Ausdruckstanz, Streetdance und wie sie alle hießen. Auch Ethno-Tanzstile aus den entferntesten Regionen der Welt. Und alles konnte miteinander kombiniert werden. Durch den eigenen Körper verbunden und ausgedrückt.

Bloß die *eine*, die richtige Tanzpartnerin begegnete ihm nicht. Natürlich gab es wundervolle Tänzerinnen. Anmutig, ausdrucksstark, zärtlich, feurig. Doch keine hatte das, was er seit seiner Kindheit suchte: diese innere Freiheit in der Bewegung. Eines Tages sah er ihn, ganz unverhofft. Es war bereits spät am Abend, sie hatten lange geprobt und Wladimir durchquerte mit schnellen Schritten die Passage zur U-Bahn. Da stach ihm eine Bewegung ins Auge: das Heben des rechten Armes, das Berühren des Displays am Ticketautomaten. Wladimir blieb wie angewurzelt stehen. Dieser Arm wurde nicht gehoben, er bewegte sich wie die Gräser der Taiga im Wind. Wladimir beobachtete das wie hypnotisiert. Sah, wie der Mann einen Schein in den Schlitz des Automaten steckte und das Rückgeld entnahm. Es war ein Fließen, ein Spielen, ein Strömen, ein Gleiten … Vom Kopf bis zum Bauchnabel war alles in Bewegung. Nur seine Beine nicht, die waren offensichtlich gelähmt. Der Mann saß im Rollstuhl.

Wladimir folgte dem Fremden in die U-Bahn. Wollte sich keiner seiner Bewegungen, und wäre sie noch so gering, entgehen lassen. Saugte alles auf wie ein Verdurstender. Ging ihm bis zu seiner Wohnung nach. Wollte ihn nicht verlieren, musste ihn ansprechen. Er hieß Marten und hatte ein gutes Herz. Er sah die Sehnsucht in Wladimirs Augen und erklärte sich bereit, mit ihm ein Bier trinken zu gehen. Oder vielmehr zu rollen. Marten erzählte ihm, dass er als Kind auch gerne getanzt hatte. Mit zwölf Jahren war dann der Unfall passiert, ein Zusammenstoß mit einem Auto. Ja, er bewege sich noch immer gerne. Also seinen Oberkörper. Und natürlich würde er gerne wieder tanzen. Eigentlich tue er es auch oft, in der Nacht und untertags in seinen Träumen. Wladimir ging aufs Ganze: Ob sie sich wiedersehen würden? Ob Marten ihn vielleicht im Tanzstudio besuchen komme? Ob er ihn morgen abholen dürfe? „Schon gut", meinte

Marten lächelnd, „ich komme. Aber mach dir nicht zu viel Hoffnung, denn du siehst ja!" – Und er deutete auf seine Beine.

Es würde ein guter Tag werden, das spürte Wladimir. Aufgeregt wartete er auf das vertraute Geräusch der Klingel. Er war hier, Marten war gekommen! Die erste Stunde wollte er ihm einfach nur zusehen. Er legte Musik auf und half Marten aus dem Rollstuhl. Er bat ihn, sich auf den Boden zu legen und von dort aus unterschiedliche Bewegungen zu machen. Alles, was ihm möglich wäre. Und Wladimir schaute zu, nahm jede Kleinigkeit auf. Es schien, als ob ein Dunst von Freiheit aus diesem behinderten Körper aufstieg. Eine Freiheit jenseits der Begrenzungen.

Wladimir war fasziniert. Sie arbeiteten gemeinsam bis zum Abend. Am nächsten Morgen hatte er bereits die Grundzüge einer neuen Inszenierung im Kopf. Er wollte diese besondere Qualität, die er bei Marten wahrnahm, sichtbar machen. Für ein größeres Publikum zugänglich. Die Menschen sollten sich an seiner inneren Freiheit aufrichten können. Sich dabei versöhnen mit den eigenen Behinderungen. Denn jeder hatte doch selbst solche Unzulänglichkeiten, ob sie nun körperlicher oder geistiger Natur waren. Ja, gerade darin lag die Schönheit und Würde des Menschseins, in dieser Versöhnung.

Im Ensemble gab es großen Aufruhr. Drei langjährige Mitglieder konnten seine Entscheidung nicht nachvollziehen. Waren enttäuscht, dass gerade der Ästhet Wladimir seine Zeit mit einem Krüppel vergeudete. Sie verließen das Team, doch der Rest wuchs zusammen. Nahm Marten als ungewöhnlichen Lehrer auf, der ihnen aus eingefleischten Mustern heraushalf. Sie auf unbekanntes Terrain lotste. Es war ein Wagnis für alle. Auch für Marten, der sich anfangs sehr für seinen Körper genierte. Er fand ihn hässlich und unzulänglich. Sah sich selbst als plumpen Käfer auf dem Rücken liegen. So hilflos! „Ja, sei hilflos", sagte Wladimir. Und war auch davon entzückt. Sprach Marten Mut zu. Er solle dem Angenehmen in seinem Körper folgen. Der Freiheit mitten in all dem, was nicht ging. Er stellte einen ehrgeizigen Trainingsplan für Marten zusammen. Damit dieser all jene Muskelpartien aufbauen konnte, die noch funktionierten. Bis er schließlich andere Tänzer im Sprung auffangen konnte, nur mit der Kraft aus Rumpf und Oberarmen. Das sah ziemlich cool aus. Der Rollstuhl blieb während der Proben in der Garderobe stehen. Stattdessen ließ Wladimir Rampen und Gerüste auf der Bühne aufstellen, die Marten zur Fortbewegung dienten. Wie ein Affe konnte er sich bald durch den Wald an Stangen schwingen, wie eine Raupe über die schiefe Bühne rollen.

Dann kam die Premiere. Sie mischte die internationale Tanzszene auf. Rief Begeisterung hervor, aber auch unerwartet viel Aggression. Wladimir war glücklich. Er und Marten waren sich während der Proben auch persönlich nähergekommen. Zogen zusammen. Es war ein gutes Leben, nichts fehlte.

Wirklich frei bist du, wenn ...

… du dir jede Situation kaufen kannst, sagt der Geschäftsmann.

… du den richtigen Seelenpartner gefunden hast, sagt die Frischverliebte.

… du dich auf alle Eventualitäten perfekt vorbereitet hast, sagt der Versicherungsmakler.

… die Kinder aus dem Haus sind, sagt die Mutter.

… die Schmerzen endlich aufhören, sagt der Krebspatient.

… du deine Ahnen ehrst, sagt die Schamanin.

… du dir alle Wünsche erfüllst, sagt der Genussspecht.

… du deinen Willen in den Willen Gottes legst, sagt der Priester.

… dein Geist deinem Willen folgt, sagt der Mentaltrainer.

Wirklich frei wirst du nie sein, sagt der Philosoph, denn du bist immer frei und unfrei zugleich.

Wirklich frei ist alles, sagt der Narr und dreht sich selbst im Spiegel eine lange Nase.

Das Kätzchen und die Zeitungen

Endlich war der letzte Arbeitstag vorbei und Maike war frei! So viele Jahre hatte sie sich darauf gefreut und Pläne geschmiedet. Jetzt war sie da, die Pension. Und Maike hatte eine Menge vor. Dinge, zu denen sie während ihres fordernden Berufslebens nie gekommen war: lesen, Freunde besuchen, eine neue Sprache lernen, mehr für den Körper tun.

Mit dem Lesen wollte sie beginnen. Stapel an Zeitungen hatten sich in den letzten Jahren in ihrem Wohnzimmer angesammelt. Darin haufenweise interessante Artikel, die nur darauf warteten, endlich von ihr gesichtet zu werden. Auch im Ruhestand wollte sie schließlich am Laufenden bleiben und sich weiterbilden. Und aufräumen – endlich hatte sie Zeit, ihre Wohnung auf Vordermann zu bringen.

Anfangs klingelte noch täglich das Telefon. Die Arbeit, ihre Nachfolger hatten Fragen. Das war seltsam befriedigend. So leicht war sie also doch nicht zu ersetzen.

Dann wurde es ruhiger. Trotzdem kam sie mit dem Ausmisten der Wohnung nicht voran. Ihr fehlte die Kraft und Motivation, es durchzuziehen. Wo war bloß die alte Maike geblieben, die das Chefsekretariat einer großen Firma dirigiert hatte? Maike, das Energiebündel? Ach, die Wohnung konnte sie auch später fertig machen. Dafür hatte sie jetzt keine Zeit, doch mit den Zeitungen wollte sie weiterkommen. Und Freunde treffen. Obwohl: Maike fiel erst jetzt auf, wie wenig Freunde sie eigentlich besaß. So richtige Freunde und nicht bloß Bekannte am

Arbeitsplatz. Zwei langjährige Schulfreundinnen waren schon gestorben. Eine im letzten Jahr an Krebs. Maike hatte davon gehört, als es bereits zu spät war. Wollte ihren Verfallsprozess aber, ehrlich gesagt, auch gar nicht mitbekommen. Gott sei Dank hatte sie selbst noch jede Menge Zeit.

Prinzipiell. Doch wo war bloß ihre ganze Freizeit hingeraten? Irgendwie kam Maike zu gar nichts mehr. Sie beschloss, ihre Einkäufe ab jetzt online zu erledigen. Das sparte Zeit und es warteten noch so viele ungelesene Artikel auf sie. Klar, ein bisschen Bewegung hätte ihr auch gutgetan, etwas frische Luft oder ein Tratsch mit einer Nachbarin. Doch täglich brachte der unbarmherzige Postbote weitere druckfrische Zeitungen. Dabei war sie mit den alten noch nicht annähernd auf gleich.

Gymnastikstunden für Senioren. Maike wollte doch etwas für ihren Körper tun. Doch gerade jetzt ging es sich wirklich nicht aus. Maike hatte begonnen, besonders interessante Artikel auszuschneiden und in einer Ringmappe einzuheften. Damit sie die wichtigsten Themen schnell wiederfinden konnte. Dazu markierte sie markante Stichwörter mit Leuchtstift und erfasste sie zusätzlich in einem Register. Man konnte nie wissen, wann und wo man welche Information noch brauchen konnte. Und vielleicht könnte sie mit diesem gesammelten Wissen doch noch jemandem behilflich sein. Sollte sie ihre kleine Bibliothek später einer Schule vermachen?

Durch das viele Lesen hatte Maike jetzt auch keine Zeit mehr für den Abwasch. Das Geschirr stapelte sich bereits in bedrohlichen Türmen in der Spüle und saubere Kochtöpfe gab es schon lange nicht mehr. Daher war

Maike dazu übergegangen, sich Pizza oder Sushi vom Boten bringen zu lassen. Praktisch, dann brauchte sie auch kein Besteck. Die Haufen an Verpackungsmaterial waren schon fast so groß wie die Stapel an unerledigten Zeitungen. Auch mit dem Waschen hielt sie es nicht mehr so genau. Wofür sollte sie sich denn schön machen, sie traf doch sowieso niemanden.

Insgeheim war Maike verzweifelt. Sie wusste, dass sie mit ihrem Zeitungsprojekt niemals fertig werden würde. Denn der Blätterwald wurde von Woche zu Woche größer, wie sehr sie sich auch mit dem Lesen beeilte. Das ganze Projekt war ein Irrsinn. Und in Zeiten des Internets hatte sowieso jeder mehr Informationen griffbereit, als sie jemals sammeln und katalogisieren konnte. Trotzdem hielt sie verbissen an ihrer Tagesbeschäftigung fest. Was war ihr denn sonst noch geblieben?

Eines Tages trug Maike zum ersten Mal seit einem Monat den Müll hinunter. Er hatte ihr bereits den Gang zur Toilette verunmöglicht. Da hörte sie hinter einer Tonne ein klägliches Maunzen. Als sie zurück in den Hauseingang treten wollte, erklang es wieder. Maike äugte hinter die Tonne und sah ein kleines, verdrecktes Fellbündel. „Was geht es mich an?", dachte Maike. Doch sie konnte ihren Blick nicht davon lösen. War selbst erstaunt, dass sie das kleine Kätzchen in ihre Hand nahm und streichelte. Es zitterte und fiepte herzerweichend. Sollte sie es wieder absetzen? Hinter der Tonne verstecken? „Ach, ich lege es der Hausmeisterin vor die Türe", dachte Maike, zufrieden über ihren Geistesblitz. Doch vor der Hausmeisterwohnung brachte sie es dann doch nicht fertig. Konnte das Knäuel nicht einfach alleine

lassen in dem großen, dunklen Flur. Ganz ohne Erst-
versorgung. Maike war doch kein Unmensch und etwas
Kondensmilch würde sie sicher noch in der Wohnung
finden. Das kleine Kätzchen war total entkräftet, es
brauchte Hilfe. Ein Tierarzt musste her! In der Neben-
straße gab es doch einen. Vorher musste Maike allerdings
dringend duschen und frische Kleidung auftreiben. Und
Zähne zu putzen wäre auch keine schlechte Idee.

Der Tierarzt gab Maike ein Milchpulver, das sie mit
warmem Wasser anrühren sollte. Er zeigte ihr, wie sie
das Kätzchen möglichst aufrecht halten und ihm dann
mit einer Spritze vorsichtig einen Tropfen nach dem anderen auf die Zunge legen könnte. Keinesfalls dürfe es
sich dabei verschlucken! Und nachher wäre es gut, das
kleine Bäuchlein sanft zu massieren. Alle zwei Stunden
solle Maike die Prozedur wiederholen. Und Wärme, das
Kätzchen brauche viel Wärme!

Aufgeregt ging Maike nach Hause. Beim Eingang
fielen ihr gleich einige Pizzaschachteln entgegen. Um
Gottes willen, alles viel zu gefährlich für das Kätzchen.
Sie würde wohl oder übel aufräumen müssen. Und ei-
nen Zeitplan, sie brauchte einen genauen Zeitplan für die
Fütterungen.

Maike machte sich sofort an die Arbeit. Die Waschmaschine lief schon, als sie begann, den Berg an Geschirr
abzuarbeiten. Dem Kätzchen hatte sie einstweilen mit
einer Wärmeflasche ein wohlig temperiertes Nest gebaut.
Immer wieder ging sie nachschauen und vergewisserte
sich, dass mit dem Kleinen alles in Ordnung war.

Am Nachmittag hatte sie die Stapel an Zeitungen
bereits im Abstellraum eingeschlichtet. Maike war stolz

auf sich, doch gleichzeitig auch fix und fertig von der ungewohnten körperlichen Anstrengung. Alleine würde sie es nicht schaffen. Doch das Kätzchen hatte ein Anrecht auf eine saubere Wohnung, so fand sie. Also rief sie bei einem Putzdienst an. Mit vereinten Kräften schafften sie den Hausputz in drei Tagen. Dann ging Maike zum Friseur. Das war wirklich bitter nötig. Das Kätzchen band sie sich dabei in einem kleinen Tragetuch um, damit es schön warmgehalten wurde. Die Friseuse fand die Kleine süß und lud Maike am Folgetag zum Tee ein.

Das ständige Füttern und Aufpassen, die vielen neuen Freunde, die sie durch die Katze fand – zum Lesen kam Maike nun gar nicht mehr. Doch die gesammelten Zeitungen eigneten sich vortrefflich, um Spielsachen für das Kätzchen zu falten. Es war ja so neugierig! Eines Tages griff Maike zum Telefon, es passierte fast wie von selbst. Sie stornierte alle Zeitungsabonnements. Schon lange hatte sie sich nicht mehr so frei und lebendig gefühlt.

Allgemeines zur Freiheit

Freiheit wird oft als Zustand definiert, in dem der Mensch mit eigenem Willen und ohne Zwang Entscheidungen treffen kann. Freiheit ist demnach die Voraussetzung, dass es gutes und böses Handeln, Verantwortung und Schuld geben kann. Einer Maschine kann kein böses Tun angelastet werden, wohl aber ihrem Programmierer.[13]

Freiheit wird besonders gut spürbar, wenn wir das Gegenteil davon kennengelernt haben. Wenn wir frei werden von … Wenn physische oder psychische Beschränkungen plötzlich wegfallen und sich neue Handlungsspielräume auftun (**„Das Kätzchen und die Zeitungen"**).

Im Staatsgrundgesetz vieler Länder ist das Recht auf Freiheit für den Einzelnen facettenreich festgeschrieben. In Deutschland und Österreich gelten beispielsweise das Gleichheitsrecht („Vor dem Gesetz sind alle Staatsbürger gleich."), die Aufenthalts- und Versammlungsfreiheit, die Unverletzlichkeit des Eigentums, die Meinungsäußerungs- und Pressefreiheit sowie die Religionsfreiheit.

Es ist Aufgabe des Staates, durch seine Gesetze und deren Vollstrecker die Freiheit des Einzelnen zu ermöglichen und bestmöglich zu schützen. Dass dies nicht ohne Reibereien und Interessenskonflikte vor sich gehen kann, versteht sich von selbst. Denn die Freiheit des Einzelnen hört dort auf, wo die Grundrechte eines anderen verletzt werden (**„Fenster zum Tiger"**). Dem stimmt ein Großteil der Menschen grundsätzlich zu, es entspricht der Ethik unserer Kultur. Doch so einfach ist

---

13 Anmerkung: Ob dieser Wille jemals so frei sein kann, wie wir gerne meinen, haben wir schon in Kapitel 5 erörtert.

diese Richtlinie in der Praxis nicht umzusetzen. Denken wir bloß an unseren Wohlstand, den wir nicht aufgeben wollen, obwohl er sich nur auf Kosten der Armen und Ärmsten dieser Welt aufrechterhalten bzw. vermehren lässt (Landgrabbing, Ausbeutung von Bodenschätzen, moderne Sklaverei). Oder blicken wir auf die ungerechte Vermögensverteilung in unserer Gesellschaft. Am Papier hat zwar jede Bürgerin und jeder Bürger dieselben Rechte, doch manche Handlungsspielräume können von Benachteiligten gar nicht genützt werden. Dazu bräuchten sie mehr Bildung, finanzielle Absicherung, Zeit usw.

Nietzsche soll einmal gesagt haben: „Wer von seinem Tag nicht zwei Drittel für sich selbst hat, ist ein Sklave." Was soll eine alleinerziehende Mutter mit drei Kindern dazu sagen, die als Kassiererin im Diskonter arbeitet und nebenbei noch Hemden bügelt, um alle Münder satt zu kriegen? Oder was meinen die Tiere in grausamer Massentierhaltung zu unserer Freiheit, jeden Tag ein billiges Schnitzel auf dem Teller haben zu wollen?

Ein interessantes Kapitel ist die Gewissensfreiheit. Sie billigt jedem Bürger das Recht zu, Entscheidungen und Handlungen gemäß seinem individuellen Gewissen zu treffen bzw. durchzuführen. Ob dies nun zivilen Ungehorsam betrifft (siehe Kapitel 3), Kriegsdienstverweigerung oder die Wahl des eigenen Glaubens. Da die Gewissensfreiheit mit den herrschenden Gesetzen in Konflikt stehen kann, war sie autoritären Machthabern (weltlichen wie religiösen) seit jeher ein Dorn im Auge. Im Jahr 1832 bezeichnete beispielsweise der amtierende Papst Gregor XVI. die Forderung nach Gewissensfreiheit als „Worte der Pest, die für das öffentliche Gemeinwesen tödlicher sind als alles andere" und zur „Verderbnis der Jugend führen".[14]

Eine freie Gesellschaft und das Einhalten der Grundrechte müssen immer wieder neu errungen werden – durch politische Diskussionen und manchmal sogar durch Revolutionen. Aktuelle Themen dazu sind der Datenschutz (gläserner Mensch), Zensur im Internet etc. „Wer die Freiheit aufgibt, um Sicherheit zu gewinnen, wird am Ende beides verlieren", sagte Benjamin Franklin.

Bei allem Einsatz für eine gerechtere Welt darf nicht vergessen werden, dass wahre Freiheit im eigenen Inneren beginnt. Auch unter perfektesten Umständen kann sich der Mensch gefangen fühlen. In der eigenen Persönlichkeit, im Körper oder in den eigenen Ängsten, Wünschen und Vorstellungen (**„Finger auf der Borke"** und **„Marten und der Tanz"**). Nelson Mandela, der erste schwarze Präsident Südafrikas, saß wegen seines Engagements für die Menschenrechte 27 Jahre lang im Gefängnis. Nach seiner Entlassung erzählte er: „Als ich aus der Zelle durch die Tür in Richtung Freiheit ging, wusste ich, dass ich meine Verbitterung und meinen Hass zurücklassen musste, oder ich würde mein Leben lang gefangen bleiben."

Frei zu sein ist ein alter Menschheitstraum. Die Suche nach dem Heil, nach dem verlorenen Paradies, nach Befreiung von eigenen Unzulänglichkeiten und Begrenzungen lässt uns große Anstrengungen unternehmen. Wir versuchen den Partner zu finden, der uns bedingungslos liebt. Möglichst viel Geld zu verdienen, um uns alle

---

14 Papst Gregor XVI.: Enzyklika „Mirari vos", 15. August 1832

Wünsche zu ermöglichen. Gehen zum Therapeuten, um störende Verhaltensweisen zu korrigieren. Lassen uns Erfindungen einfallen, die unseren Alltag erleichtern, und Medikamente gegen körperliche Pein (**„Der Engel und die Rückenschmerzen"** sowie **„Wirklich frei bist du, wenn ..."**).

Den Erzfeind unserer Freiheit bekommen wir jedoch mit all diesen Strategien nicht weg: den Tod. Irgendwann werden wir den Löffel abgeben müssen, ob es uns passt oder nicht. Also beten wir als Christen zu Gott und praktizieren religiöse Rituale, um uns von unseren Sünden reinzuwaschen und beim Jüngsten Gericht gute Karten zu haben. Oder wir meditieren als Buddhisten und sammeln gute Taten, um aus dem Kreislauf des Leidens austreten zu können und Nirwana zu erlangen. Um dann irgendwann in der Zukunft endlich ganz frei zu sein. Hoffentlich. Denn hier, in unserer polaren Welt, gibt es scheinbar nur Freiheit und Unfreiheit im Doppelpack.

Einen anderen Zugang hat die Mystik. Durch die Zeiten gab es immer wieder Menschen in unterschiedlichen Kulturen, die uns daran erinnern, dass Freiheit schon hier und jetzt da ist. Sie ist die Grundlage unseres Seins. Sie ist das, was sichtbar wird, wenn das „Ich" (unsere Person mit all ihren Identifikationen) „erlöscht und verweht". Freiheit in diesem Sinne hat nichts Persönliches an sich. Sie ist das Leben selbst (**„Flieg, Schmetterling!"**).

Ein Danke und wie das Buch entstand

Auch ein Buch legt seinen eigenen Weg zurück – von der ersten Idee bis zum „begreifbaren" Produkt in den Händen. Damit dieser Weg gelingen kann, bedarf es einer Reihe guter Zufälle und hilfreicher Geister. Einige von ihnen möchte ich hier nennen: Da wäre zunächst Gerhart Langthaler, Grafiker, Coach und ehemals selbst Verleger. Wir lernten uns letztes Jahr beim Aktzeichnen kennen und waren hocherfreut über die Vielseitigkeit des jeweils anderen. Gerhart ermutigte mich zu einem neuen Werk und stellte den Kontakt zum traditionsreichen Braumüller Verlag her. Zunächst war ein Buch über die Heilkräfte von Pflanzen angedacht und ich erbat fachliche Mithilfe meiner Freundin Julia Rastelli, Biologin und Kräuterfrau.

Im Gespräch mit dem umtriebigen Verleger Bernhard Borovansky rückten jedoch der Mensch und seine innere Natur immer mehr in den Vordergrund. Das Werk sollte seine Leser und Leserinnen wieder mit dem Wesentlichen im Leben verbinden und ihnen auf diese Weise eine „Atempause" im geschäftigen Alltag ermöglichen. Bernhard Borovansky schlug dazu eine Sammlung moderner „Kōans" vor, kurzer beispielhafter Geschichten, wie man sie aus der Tradition des Zen kennt. Ich war begeistert von der Idee, beschäftige ich mich doch seit der Jugend mit verschiedenen Formen der Meditation. Auch bei meiner schamanischen Arbeit ist ein „leerer Geist" eine wichtige Voraussetzung.

So begann ich das Buch aus diesem Anfängergeist heraus zu schreiben. Ohne Vorstellung, welchen Ausgang die jeweilige Geschichte nehmen würde, an der ich gerade arbeitete. Ich stellte mich bloß auf das Thema und das damit verbundene Chakra ein (siehe Einleitung). Der Rest blieb völlig offen, dadurch gestaltete sich der Schreibprozess für mich selbst überraschend und spannend.

Während der ganzen Zeit war Julia Rastelli eine wichtige Begleitung und Bereicherung für das Buch. Folgende Texte sind maßgeblich durch sie entstanden: „Sie nannten es Liebe", „Das kalte Ende" und „Liebe seines Lebens". Julia kann sich ganz wunderbar in Pflanzen und Menschen einfühlen und gibt dies auch in ihren Kursen weiter (www.energetik.rastelli.at).

Immer wenn ich eine Geschichte fertiggestellt hatte, lud ich meinen Partner Stefan und meinen Sohn Gabriel ins Arbeitszimmer ein und las ihnen vor. Sie waren meine ersten Versuchskaninchen und dank ihres schonungslosen Feedbacks konnte ich den einen oder anderen Text nochmals verbessern.

Doch damit war der Weg des Buches natürlich nicht zu Ende. Mit Manuskriptabgabe übernahmen Lektorat und Grafik die Staffel. Sie gaben dem Text noch den nötigen Feinschliff, bevor er dann endgültig in Druck ging – und jetzt in Ihre Hände gelangte.